Sandra Winkler

Männerpolitur

So möbeln
Sie Ihren Partner auf

W0197970

Ullstein

Besuchen Sie uns im Internet:
www.ullstein-taschenbuch.de

Dieses Taschenbuch wurde auf FSC zertifiziertem Papier gedruckt.
FSC (Forest Stewardship Council) ist eine nichtstaatliche, gemeinnützige
Organisation, die sich für eine ökologische und sozialverantwortliche
Nutzung der Wälder unserer Erde einsetzt.

Originalausgabe im Ullstein Taschenbuch
1. Auflage September 2010
© Ullstein Buchverlage GmbH, Berlin 2010
Umschlaggestaltung: HildenDesign, München
Titelabbildung: © Illustration HildenDesign, München
Satz: Pinkuin Satz und Datentechnik, Berlin
Gesetzt aus der Apollo MT
Papier: Pamo Super von Arctic Paper Mochenwangen GmbH
Druck und Bindearbeiten: CPI – Ebner & Spiegel, Ulm
Printed in Germany
ISBN 978-3-548-37340-9

Inhalt

Egal, was Männer tragen, Frauen sind mit dem Kleidungsstil ihres Partners nur selten einverstanden. Häufig zu
Recht. Trotzdem sollte man aus ihnen keine hilflosen An-
ziehpüppchen machen. Wie Sie einen Mann sukzessive
nach Ihrem Geschmack umziehen.

Ein richtiger Mann braucht abends ein paar Biere und regelmäßig seinen Döner und ein ordentliches Schnitzel. Ist
er Anfang 20, mag das für seinen Körper in der Regel ein
Kinderspiel sein, danach bilden sich aber Bauchspeck und
Wackelhintern. So sorgen Sie dafür, dass Ihr Partner wieder
eine liebenswertere Silhouette bekommt oder sie behält.

Selbstkritik ist den meisten Männern gänzlich unbekannt.
Weshalb sie häufig mit Nasen- und Rückenhaaren, Glatze,
Mundgeruch, schlechten Zähnen, Pickeln und Mitessern
bestens leben können. Wie Sie es schaffen – möglichst

sanft, unbemerkt und ohne Mutti-Attitüde – aus ihrem Neandertaler einen gepflegten Mann zu machen.

Sie sollen keine Psychoanalyse mit ihm veranstalten, aber ein Blick in die Vergangenheit und auf seine vorherigen Beziehungen kann so manches verständlicher machen. Und hilft möglicherweise bei der Lösung einiger Probleme. Was tun, wenn er immer noch an seiner Ex hängt? Was tun, wenn sie noch an ihm hängt? Kurzum: Wie entfernen Sie Ihre Vorgängerin aus seiner Welt?

Zwei Menschen, ein Zuhause, viel Platz für Ärger. Wie können Sie die gemeinsame Wohnung auf sanfte Art von seinen Vorstellungen und Möbeln befreien und ihn zum Haushaltsgehilfen machen? Außerdem: Warum es manchmal einfacher ist, die Wohnung zu verändern als den Partner – und wie ein paar geschickt platzierte Tafeln Schokolade den Hausfrieden retten können.

Er will an die See – Sie in die Berge. Er mag Kino – Sie lieben das Theater. Er besteht auf seinen Fernsehabenden – Sie auf romantischen Essen bei Kerzenschein. Wie viele Kompromisse sollte man in einer Beziehung machen? Und wann stoßen Gegensätze sich endgültig ab?

Ihr Mann entblößt in der Öffentlichkeit gern seinen schlechten Humor, entwürdigende Tischmanieren, arrogante Wesenszüge oder einen gruseligen Geschmack? Wie Sie seinen Umgang mit Kellnern verbessern, ihn stilvolles Benehmen, Essen und Betrinken lehren.

Im Bett wird eine Frau niemals bekommen, was sie will, wenn sie nicht *sagt*, was sie will. Wie Sie Probleme und Wünsche aussprechen – und zwar so, dass er nicht die Lust verliert.

Es ist nicht nur die böse Schwiegermutter, die das Beziehungsleben zur Hölle machen kann. Und deshalb muss es heißen: Wir zwei gegen alle anderen. Aber wie ziehen Sie ihn auf Ihre Seite? Und was sind die richtigen Strategien für Familienfeste, die wöchentlichen Sonntagstelefonate, Elternbesuche?

Egal, wie viel Zeit der Mann im Büro verbringt – er kann es seiner Frau selten recht machen. Viel Geld verdienen: gern. Zu wenig Zeit haben: ungern. So schaffen Sie es, dass er erfolgreich im Job ist – und am Ende des Tages schnell zu Ihnen nach Hause kommt.

Erst ändert er seinen Stil für Sie, dann nimmt er ab, und Sie beginnen an seiner Persönlichkeit herumzumäkeln ... Schon mal darüber nachgedacht, dass der Mann an Ihrer Seite einfach nicht der Richtige für Sie ist – und Sie einen ganz anderen Menschen aus ihm machen wollen?

Die drei anstrengenden Stationen der Vaterwerdung: Hilfe, er ist schwanger. Der Mann im Kreißsaal. Plötzlich Papa. Wie bewahren Sie ihn vor Überreaktionen oder Schwächeanfällen – und sich vor dem Entlieben?

Sie sind schon weit gekommen – und der Mann ist so gut wie perfekt. Nun folgt die Feinarbeit. Wie kriegen Sie ihn dazu, Ihnen häufig kleine Aufmerksamkeiten und regelmäßig Streicheleinheiten zu schenken? Methoden aus der Hundeschule können dabei eine hervorragende Hilfe sein.

Vorwort

Um einer Produktenttäuschung vorzubeugen: Wenn Sie Ihren Mann unterdrücken, so dass seine Freunde bereits mit dem Gedanken spielen, Amnesty International einzuschalten, Sie nach den besten Knechtmethoden für ihn suchen oder bereits Tine Wittler angefragt haben, um Ihren Keller in eine Männerbesserungsanstalt umzubauen – dann wird Ihnen dieses Buch nicht weiterhelfen.

Auch soll nicht geklärt werden, ob zu viel Testosteron, die Evolution oder die maskuline Geschlechtsrolle Männer zu dem machen, was sie sind. Schlecht einparken hin, nicht zuhören her, aber was bringt es einem, zu wissen, dass er ein Hirnareal intensiver nutzt als man selbst und von einem anderen Planeten stammt? Die entscheidende Frage müsste nicht lauten: Warum ist das so? Sondern: Wie komme ich am besten mit diesem andersartigen Geschlecht zurecht?

Dabei geht es weniger darum, den Mann in seinen Grundfesten zu erschüttern – als vielmehr ums Aufpolieren. Nicht ruppig und ruckartig, sondern eher sanft und in kreisenden Bewegungen bringen Sie Ihren Problempartner auf Hochglanz. Um das Beste aus dem Mann zu machen, sollten Sie sich beim Entfernen seiner Macken geschickt anstellen und nicht wie das Mitglied eines Putztrupps im Heuschreckenmodus vorgehen. Aufmöbeln, statt anpöbeln – und das möglichst so, dass er es gar nicht merkt.

So erfahren Sie in diesem Buch zum Beispiel, wie man den Partner charmant von Nasen- und Rückenhaaren befreit, ihn mit Hilfe eines kooperativen Klebezettels dazu animiert, das Klo sauber zu halten, Altkleiderbeutel als Körperfettlöser einsetzt und den Mann zu frauenfreundlichem Sex bewegt. Außerdem verrate ich Ihnen, wie Sie mit seiner Mutter, seiner Exfreundin und seinen Hobbys fertig werden. Ohne Gewalt anzuwenden.

Trotzdem ist es nie leicht, eine Männerverbesserin zu sein. Ich weiß nicht einmal, ob es ratsam wäre, dieses Buch offen auf dem Nachttisch liegen zu lassen. Erzählte ich Frauen von dem Projekt Partnerpolitur, lachten sie und wollten sofort einen Club der Leidensgenossinnen gründen. Die Männer lachten auch. Aber anders. Es war nicht dieses amüsiert verständnisvolle Lachen. Es klang eher erschrocken. Ein Freund sagte sogar: »Dieses Buch macht mir Angst.«

Das soll es nicht. Es soll vielmehr Dauernörgelei stoppen oder sie verhindern. Denn sie führt selten zum Erfolg, sondern fast immer in die Beziehungskrise.

Ändern wollen Frauen ihre Männer so oder so. Jeder kennt die weiblichen Anfälle von Krittelitis, die Optimierismus-Attacken. Wenn Männer beim Zusammenziehen auf einen Schlag all ihre Möbel verlieren, sie ihre Micky-Maus-Boxershorts vernichten sollen, den besten Kumpel nie wiedersehen dürfen. Plötzlich stören ihre Haare nicht nur den Abfluss beim Abfließen, sondern die Frau beim Atmen.

Auch wenn Sie beschlossen haben: »Mein Mann soll besser werden«, ist »besser« ein dehnbarer Begriff. Um dem Partner neuen Glanz zu verleihen, müssen Sie sich zunächst einmal klarmachen, mit wem Sie es zu tun haben, welche Änderungsversuche vergebene Liebesmühe und verschwendete Lebensenergie bedeuten.

Manchmal – und das hören Sie jetzt sicherlich nicht gern – ist es auch einfach schlauer, sich selbst zu ändern anstatt ihn. Dazu gehört übrigens, sich mit der einen oder anderen Schwachstelle des Mannes abzufinden – oder sogar anzufreunden. Und bisweilen muss man den Partner besser ganz aufgeben. Aber mehr dazu in Kapitel 12: »Lohnt sich das Ganze überhaupt?«

FÜR ANFÄNGER

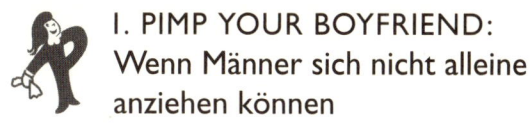

1. PIMP YOUR BOYFRIEND:
Wenn Männer sich nicht alleine anziehen können

Bereits beim ersten Date ziehen die meisten Frauen den neuen Mann vor ihrem geistigen Auge aus. Nicht, weil ihnen erotische Phantasien durch den Kopf gehen. Nein, ihr Stilempfinden schlägt Alarm. Wie bei der Sicherheitskontrolle am Flughafen scannen die Leibesvisiteurinnen ihr ahnungsloses Gegenüber und lokalisieren die Tasche, den Gürtel oder das Paar Schuhe, die unbedingt eliminiert werden müssen.

So erging es kürzlich auch dem neuen Freund meiner Kollegin Tanja, die zwar frisch verliebt, aber leider vor Liebe nicht ganz blind war. Ihre Anklage, die sie mir kurz in einer Mail schrieb: »Ich finde einfach, Männer sollten spätestens ab 30 keine Adidas- oder Puma-Retro-Schuhe mehr tragen, seine sind auch noch ausgelatscht! Dazu zieht er Jeans im Used-Look und mit Tribal-Stickereien an. Er schleppt immer diese speckige Messenger-Tasche von Freitag mit sich herum, unmöglich. Außerdem müssen Männer doch begreifen, dass ein Hemdkragen nicht zu groß und zu steif sein darf …« Am Ende der Mail, die noch endlos so weiterging, fragte sie: »Findest du, ich bin zu streng?« Was soll man sagen? Die meisten Frauen wissen einfach, was sie wollen.

Da Tanja den Mann aber wirklich von ganzem Herzen mochte, wollte sie ihm nicht den Laufpass, sondern eine Chance geben. Also tat sie, was viele Frauen tun, wenn sie ein Problem haben – sie ging erst mal mit einer Freundin shoppen. Und zwischen COS und Marc O'Polo entwickelten die beiden einen Plan: Pimp your boyfriend. Gemeinsam suchten sie Kleidung aus, die ihnen für den neuen Freund standesgemäß erschien. Shirt, Pullover, Hose, das war zwar nicht ganz billig, aber die Sache wert. Denn er zog es an. Natürlich nahmen die neuen Klamotten zunächst nur einen kleinen Anteil in seinem Repertoire ein. Aber sie waren ein Anfang und strahlten letztendlich auf die ganze Garderobe aus. Sein Schrank war mit gutem Geschmack infiziert. »Ich glaube, Stilempfinden ist osmotisch – man nimmt es an, wenn man sich mit gutgestylten Leuten umgibt. Dann fällt schlecht angezogenen Menschen auf, dass sie anders sind«, stellte Tanja fest.

Natürlich möchten Sie Ihrem Freund nicht ständig das Gefühl geben, er sei ein Alien, der auf dem Planeten Zu-Cool-Für-Dich gelandet ist. Wenn Sie sich allerdings für den Kleidungsstil Ihres Partners schämen, sollten Sie Einfluss nehmen. Da es unterschiedliche Gründe gibt, warum ein Mann sich nicht allein anziehen sollte, hilft zunächst einmal eine kleine Analyse. Mit wem haben Sie es zu tun?

1. Der Ignorant – Stil, wer braucht denn so was?

Kleidung – oder auch Anziehsachen, wie er sie gern nennt – hält dieser Typ Mann für einen nachwachsenden Rohstoff. Er fragt sich nie, wie Hosen, Hemden, Pullover in seinen Schrank kommen. Sie sind halt da. So war das schon immer. Zumindest damals, als er noch bei seiner Mutter wohnte. Warum sollte es nun anders sein? Sich um die Beschaffung neuer Klamotten zu kümmern, fällt ihm nur ein, wenn ein bereits existierendes Kleidungsstück aus Altersschwäche an seinem Leib zerfällt. Ein an ihn gerichtetes »Ich kann dieses T-Shirt einfach nicht mehr ertragen« kann man sich genauso sparen wie die Bitte, sich doch endlich mal ein paar Pullover ohne Tierbefall wie Mottenlöcher und Wollmäuse zu besorgen oder die zerschlissenen Bundfaltenjeans zu entsorgen.

Sieben untrügliche Anzeichen, dass Ihr Mann ein modischer Härtefall ist:

1. Er zieht Radlerhosen an. Und meint, die Menschen würden aus Bewunderung auf seine Hüften starren – nicht aus Abscheu.

2. Sein Outfit für den Samstagabend (und den ganzen Sonntag und jeden anderen Abend in der Woche) ist ein Sweatshirt, das mehr Sweat als Shirt ist.

3. Er trägt immer noch die Hemden seines großen Bruders auf. Und die Anzüge vom Nachbarn und die Pullover von einem Kumpel.

4. Auf seinem Pyjama finden Autorennen statt und auf seinen Krawatten kopulieren Comicfiguren.

5. Zieht er seine Schuhe aus, sieht man vor lauter Löchern seine Socken nicht.

6. Sein Poloshirt ziert kein Krokodil, sondern ein Microsoft-Office-Logo.

7. Er trägt Ihre Unterhosen. Nicht weil es ein Fetisch von ihm wäre, sondern weil seine drei Exemplare mal wieder in der Wäsche sind.

Was macht man mit einem so geschmacklosen Mann? Auf gar keinen Fall sollten Sie den Ignoranten sich selbst überlassen. Er braucht Entwicklungshilfe. Da er so gar keine modische Meinung hat, reichen meist schon schlichte Hinweise, um sein Aussehen zu verbessern. Schließlich ist es ihm egal, ob er nun ein blaues oder ein weißes Hemd verpasst bekommt, so wie es einem Nichtraucher gleich ist, ob er seine Silvesterknaller nun mit einer Gauloises oder einer Marlboro anzündet.

Um aus Erfahrung zu berichten: Meine Freundin Klara ist mit einem Ignoranten zusammen und kümmert sich rührend um ihn. »Ich fühle mich manchmal, als hätte ich zwei Kinder, die ich einkleiden muss: Meinen Sohn und meinen Mann«, sagt sie. Kauft Klara für den Kleinen Unterhosen, bringt sie vorsichtshalber auch einen 6er-Pack Shorts für den Großen mit. Das mache zwar Arbeit, aber immerhin sei er pflegeleicht. Neulich entschied sie zum Beispiel, dass der Mann eine neue Brille bräuchte. Seit dem Abitur trug er das gleiche langweilige Metallgestell. Nach kurzem Murren seinerseits entsorgten die beiden es beim Optiker, und nun hat sein farbloses Tom-Buhrow-Gesicht endlich so etwas wie Charakter. »Ich hätte das viel früher machen sollen«, ärgerte sie sich. Also, liebe Ignoranten-Versorgerinnen, ran an seine Schwachstellen.

Dass er alleine einkaufen geht, dazu wird Klara ihren Mann aber wohl erst nach weiteren Jahren der intensiven Betreuung bewegen können. Der Besuch einer Boutique ist für den Typ des Ignoranten reine Zeit- und Geldverschwendung. Da Sie aber nicht seine Mutter sind und ihn auch nicht adoptiert haben, sollten Sie ihn nicht ohne sein Zutun einkleiden müssen. Außerdem wollen Sie den Mann ja nicht um Kleidergeld bitten, geschweige denn ständig die Sakkos, Hemden, Hosen wieder zurückbringen, die Sie per Ferndiagnose falsch ausgewählt haben.

Sie sollen ihn also mit in die Geschäfte schleifen. Das Problem dabei: Männer und Frauen sind generell nicht für die gemeinsame Kleiderbeschaffung gemacht. Unzählige Untersuchungen belegen bereits beim normal desinteressierten männlichen Einkäufer: Für ihn ist Shopping kein Spaß. Nicht einmal das Wort nimmt er in den Mund. Denn es steht für Bummeln, planloses Herumstöbern, kaufen, was man eigentlich nicht braucht, aber unbedingt haben muss. Und damit kann er – im Gegensatz zu Ihnen – rein gar nichts anfangen. Ist für Sie ein Modeladen eine Art Amüsierbetrieb, ist es für den Mann im besten Falle eine Versorgungsstation. Schnell rein, das Nötigste aussuchen, schnell wieder raus. Er bekommt auch keine glühenden Wangen beim Durchstöbern der Kleiderstangen, spürt kein Herzklopfen auf dem Weg zur Kasse. Wenn er ein Hemd braucht, kauft er eins. Und nicht noch ein teures Abend-outfit, zwei Paar Schuhe und einen Pullover dazu.

Ob es nun die gute alte Jäger-und-Sammlerinnen-Geschichte ist, die als Erklärung von Evolutionsforschern an dieser Stelle gern herangezogen wird, in der er entschlossen, zielgerichtet und erfolgsorientiert seine Kleidung erlegt, während Frauen, ihre Handtasche wie ein Beerenkörbchen schwingend, von einem Geschäft zum nächsten hüpfen. Oder die Theorie anderer Wissenschaftler, die vermuten, dass bei Männern das erlebnisorientierte Shoppen verkümmert ist, weil der Einkauf über viele Generationen hinweg eine Aufgabe der Frauen war. Es ist, wie es ist.

Und der Ignorant geht nicht nur ungern einkaufen – er hasst es mehr als jeder andere Mann – und das in jeglicher Form. Also, wie schleppe ich ihn trotzdem mit?

Es hilft zunächst einmal, wenn Sie sich in seine Situation hineindenken: Bitten Sie ihn um einen Einkaufsbummel, setzt bei Ihrem Mann eine natürliche Abwehrreaktion ein. Er sieht sich bereits in die Leere starrend, zwischen Wühltischen und ekstatischen Frauen, die langweiligste Zeit seines Lebens verbringen und wird versuchen, dies zu umgehen. Sie müssen ihn also ganz sanft an die Sache heranführen, indem Sie, so gut wie möglich, auf ihn eingehen. Männer mögen klare Ansagen. Sprechen Sie mit ihm genau ab, welche Kleidungsstücke er braucht. Dann Farbe, Größe, Stil, gegebenenfalls die Marke – und legen Sie den

Einkaufsort fest. In je weniger Läden er gehen muss, desto besser. Männern, so hat eine Umfrage ergeben, ist es wichtig, dass das Geschäft nicht zu weit vom Parkplatz entfernt ist. Bedenken Sie das. Am besten machen Sie auch noch die Zeit aus, die es ungefähr dauern wird. Und versuchen Sie dann, sich daran zu halten.

Haben Sie ihn in einem Laden, müssen Sie Ihren weiblichen Einkaufsreflex unterdrücken. Wenn Sie MIT IHM einkaufen gehen, dann nur, um Sachen FÜR IHN zu besorgen. Es ist schwer, aber Sie dürfen auf keinen Fall anfangen, nebenbei für sich etwas zu suchen. Shoppen können Sie mit Ihrer besten Freundin. Mit Ihrem Mann machen Sie Besorgungen, mehr nicht.

Eine andere Möglichkeit, seine Motivation für Modeeinkäufe zu steigern, ist das Ausweichen aufs Internet. Onlineshops ersparen ihm den Boutiquen-Stress. Auch Maßschuhe gibt es heutzutage online zu kaufen und sogar ein Abo für Socken und Unterhosen, die dann regelmäßig nach Hause geliefert werden. Ich habe davon schon einige an Freunde verschenkt. Und weil alle das Abo so originell fanden, kam auch kein Mann auf die Idee, es als Kritik an seiner Fuß- oder Hinternbekleidung zu verstehen.

Sollte Ihnen bei Ihrem Freund vor allem die schlecht gewählten Farbkombinationen seiner Kleidungsstücke ins Auge stechen, könnte das Problem übrigens in der Natur des Mannes liegen: Einer von acht reagiert farbenblind auf Blau, Rot oder Grün. Egal, was man ihm zeigt, er hält es für eine Nuance von Braun. »Ich kann den Unterschied einfach nicht erkennen, weshalb meine Frau aufpasst, dass ich nicht wie ein Clown angezogen unter Leute gehe«, schreibt Mikael auf gutefrage.net auf die Frage, ob Frauen für ihre Männer die Kleidung aussuchen sollten. Erstaunlich viele

Kommentatoren – weibliche wie männliche – waren der Meinung, dass Frauen den Männern dabei helfen sollten, sich ordentlich anzuziehen. Auch denen, die keinen Sehschaden haben.

2. Der Pragmatiker. Er hat keinen Geschmack – und ist auch noch stolz darauf

Dieser Typ Mann hält Mode für Frauensache, schließlich heißt es ja auch »die« und nicht »der« Mode. Mit jeder Faser seiner Kleidung drückt er aus, dass es ihm wichtiger ist, sich darin wohl zu fühlen, als darin gut auszusehen. Seine Garderobe versprüht die Eleganz einer Thermosocke. Hauptsache bequem und günstig. Weshalb dieser Mann sich auch nicht scheut, seine Sachen dort zu kaufen, wo andere ihre Lebensmittel besorgen. Statt D&G oder H&M trägt er TCM und ALDI.

Der Pragmatiker muss zunächst einmal eine wichtige Grundregel lernen, die jeder Mann kennen sollte: Bei Kleidung geht es nie um Masse. Ein Kaschmirpullover von Loro Piana ist immer besser als zehn Baumwollpullis, die man bei H&M gekauft hat. Und das nicht nur, weil der Erstgenannte besser aussieht und sich besser anfühlt, sondern auf lange Sicht gerechnet auch günstiger ist. Kennen Sie Sprüche wie »Wir sind zu arm, um billig einzukaufen« oder »Ich kann mir Billiges nicht leisten«? Diese Rechnung geht natürlich nur auf, weil ein Mann, um gut gekleidet zu sein, gar nicht viel braucht. Er muss sich nicht ständig irgendeinem Modediktat unterwerfen. Niemand meckert, wenn er schlichte Basics trägt. Niemand erwartet experimentelle Muster, aufregende Schnitte, extravagante Farben, aufwendige Stickereien oder so einen Firlefanz. Im

Gegenteil. Zu viel Modemut bei Männern erinnert meist an David Beckham oder Karneval – im schlimmsten Fall an David Beckham beim Karneval.

Um ihn in die stilvolle Welt der Männerbekleidung einzuführen, reicht also ein gutes Geschäft, in dem er sich überlegen kann, ob sein Anzug blau, schwarz oder grau sein soll. Gehen Sie mit ihm zu einem Herrenausstatter. Damit er nicht gelangweilt und inaktiv im Geschäft herumsteht, verwickeln Sie ihn in ein Gespräch mit dem Verkäufer. Hat dieser ihn erst einmal am Wickel, wird Ihr Freund sich danach fragen, wie er jemals ohne Maßhemd, rahmengenähte Schuhe oder ein dunkelblaues Sakko leben konnte.

3. Der Fehlgreifer. Er hat Geschmack, aber leider den falschen

Er ist der am schwersten zu bekehrende Männertyp. Denn er hat eine Meinung. Kleidung ist ihm wichtig, ein Ausdrucksmittel, mit dem er aber leider nicht das verkörpert, was Sie wollen. Zum Beispiel einen 70er-Jahre-Helden. Eine Freundin erzählte mir von solch einem Fall. Als sie noch nicht lange mit diesem Mann zusammen war, empfing er sie einmal in einem abgewetzten Bademantel. In blauem Frottee fühlte er sich offenbar unwiderstehlich und war höchst überrascht, dass sie das anders sah. Auch sonst trug dieser Mann gern mal weit aufgeknöpfte Hemden mit großem Kragen, aus dem sein üppiges Brusthaar wuchs. Warum, das fand meine Freundin später heraus. Er war ein großer James-Bond-Fan, mochte speziell die alten Filme. An Sean Connery sahen seine Lieblingsstücke auch völlig o.k. aus – vor 40 Jahren.

Manchmal eifern Männer dem falschen Vorbild nach.

Zum Beispiel einer Hamburger-Schule-Band, obwohl sie in braunen Karo-Pullundern aussehen wie der eigene Großvater. Oder ein Über-40-Jähriger versucht sich selbst vor 20 Jahren zu imitieren, indem er Baggyhosen, Turnschuhe und Basecap trägt. Und auch ein Hawaii-Hemd wird nicht tragbarer, nur weil Tom Selleck in Magnum eines anhatte.

Nicht viel besser als das Tropenshirt sind übrigens wild gemusterte Oberteile, die an die Malkünste eines Vorschulkindes erinnern. Warum ziehen trotzdem einige Männer diese optische Beleidigung an? Manche versuchen, mit der Farbexplosion auf ihrem Körper vom dicken Bauch abzulenken. Was definitiv nicht funktioniert. Andere – so erklärte es einmal Jürgen von der Lippe – wollen von eventuell auftretenden Schweißflecken ablenken. Finden Sie heraus, ob einer dieser Gründe Anlass für den Fehlgriff des Mannes ist. Falls ja, erklären Sie ihm, dass er einem Irrtum unterliegt. Und schenken Sie ihm entweder ein wirkungsvolles Anti-Transpirant, oder bei zu viel Körperfett lesen Sie Kapitel 2, »Folgenschwer«.

Ja, die Wahrheit kann weh tun, aber Sie müssen es ihm sagen, wenn sein Selbstbild einen Sprung hat. Auch der Mann meiner Freundin erfuhr, dass er nicht die Lizenz von ihr bekommt, in 70er-Jahre-Klamotten eines liebestollen Agenten herumzulaufen – und warf den Frotteebademantel weg. Wir leben im 21. Jahrhundert. Wenn er ein Stilvorbild aus dem Geheimdienst ihrer Majestät übernehmen will, dann doch bitte Daniel Craig oder gegebenenfalls noch Pierce Brosnan.

Am besten also, Sie suchen gleich eine modische Vorlage für ihn aus und vermitteln ihm diese unauffällig. Auch wenn Stil generell nicht erlernbar ist, können sich alle Männertypen bestimmte Dinge abgucken, wenn man ihnen zeigt, was man an ihnen sehen will. Schauen Sie sich gemeinsam Filme mit Vorbildfunktion an, in denen Ihnen der Hauptdarsteller besonders gut gefällt, und loben Sie dessen Kleidungsgeschmack, gern penetrant.

Wünschen Sie sich zum Beispiel einen sportlich gekleideten Freund, eignet sich der Film »About a Boy«. Es ist nicht einfach, sich als Mann über 30 lässig zu kleiden, ohne wie ein Berufsjugendlicher auszusehen. Doch hier hat die Stylistin des Films ganze Arbeit geleistet. Gutsitzende Jeans, Strickjacken, die nicht nach Langweiler aussehen, und sogar die T-Shirts mit farbigem Print, eigentlich prädestiniert, albern zu wirken, stehen Hugh Grant hervorragend. Nur der Audi TT ist vielleicht etwas yuppiesque.

Für den klassischen Look lohnt es sich, einen der Ocean's-Teile in der Videothek auszuleihen: Ocean's Eleven, Ocean's Twelve oder Ocean's 13. Alle gute Stilkunde. Die Männer im Team sind allerdings nicht immer so vorbildlich gekleidet wie ihr Anführer Danny Ocean (George Clooney). Versuchen Sie also das Augenmerk Ihres Mannes auf ihn zu lenken.

Wenn Sie es etwas ausgefallener mögen, dann ist »The Darjeeling Limited« möglicherweise die richtige Inspirationsquelle. Dabei sind die Accessoires im Film (Blumenketten, Hornsonnenbrillen, Pyjamas) nicht unbedingt zur Nachahmung empfohlen. Es geht vielmehr um den Mut, sich anders anzuziehen als die Masse und dabei trotzdem ganz hervorragend auszusehen. Wes Andersons Film hat die seltene Gabe, schlummerndes Stilempfinden wachzurütteln. Wer danach nicht sofort mit einem riesigen Louis-Vuitton-Koffer auf Reisen gehen will, dem ist nicht mehr zu helfen.

Natürlich ist es immer netter, Sie versuchen nicht nur zu nörgeln, wenn er etwas in Ihren Augen Untragbares anhat.

Sondern auch verstärkt zu loben, sollte er etwas tragen, das Ihnen gefällt. Die dramatische Formulierung »So liebe ich dich nicht« sollte daher prinzipiell tabu sein. Heben Sie sich das Druckmittel Liebesentzug für wichtigere Dinge wie Hausarbeit oder Freizeitgestaltung auf. Um Kleidungsfragen zu klären, gibt es stilvollere Methoden, die bei ihm weniger das Gefühl des Herumkommandiertwerdens als des Umsorgtwerdens hervorrufen. Schließlich wollen Sie ja nicht die Pantoffeln für den Pantoffelhelden aussuchen.

Eine meiner Strategien gegen Kleidungsstücke, die ich an einem Mann absolut nicht leiden kann: Ich sage dem Mann, seine Garderobe würde mich an jemanden erinnern, von dem ich weiß, dass er ihn unerträglich findet. Gut funktioniert auch die Behauptung »Das sieht feminin aus.« Egal, ob es so ist oder nicht. Das hört der gemeine Heteromann nicht gern. Also, trägt ein Freund von mir einen Pullover in einer Farbe, die ihm definitiv nicht steht, sage ich: »Sieht irgendwie feminin aus.« Das Material: »Ein bisschen feminin.« Die Sandalen: »Erinnern mich an ein Paar, das sich meine Kollegin gerade gekauft hat.« Kurze Hose und Bein übergeschlagen: »Schon sehr feminin.« Funktioniert fast immer.

Charmant vorgetragene Kritik kann auch als eine Art von Aufmerksamkeit wahrgenommen werden. Fragen Sie bei einem Kleidungsstück, das offensichtlich schon längst hätte das Zeitliche segnen sollen, dezent nach dessen Vorleben. Wie alt ist es? Gehören die Knödelchen zum Stoff, oder kamen sie später dazu? Ist dieses Muster gewollt, oder handelt es sich dabei um eine besonders interessante Anordnung von Flecken? Hatte es schon immer diese Farbe? Manchmal sind Männer einfach nur zu blind, um die Not zu sehen.

Wird seine äußere Hülle trotz Hinweisen und Filmvorführungen nicht besser, müssen Sie zu drastischeren Mitteln greifen. Um Ihrem Partner nicht wieder und wieder bei jedem einzelnen Kleidungsstück, das Ihnen missfällt, auf die Nerven zu gehen, empfiehlt sich besser einmal Großreinemachen. Und zwar bei einer Schrankpatrouille, so nennt es eine Freundin von mir, die keine Lust mehr hatte, sich für das Aussehen ihres Freundes fremdzuschämen. Öffnen Sie mit ihm die Kammer des Schreckens, und holen Sie alles aus dem Dunkeln ans Licht: Schäbige Kapuzenpullis, verwaschene Hemden, Hosen mit Glanzpo. Schauen Sie sich alles mit ihm an: Wo sitzt etwas zu eng, ist zu weit, zu groß oder zu klein? Welche Hosen sind zu kurz? Welche Farben lassen ihn aussehen wie einen Leichengräber im Mondschein? Zählen Sie mit ihm die Löcher in Pullovern und Jogginghosen.

Jedes der inspizierten Stücke kommt auf einen Haufen, unterteilt in 1. untragbar, 2. passabel, 3. geschmackvoll. Dann sortieren Sie passabel und geschmackvoll in 1. Job und 2. Freizeit. Stellen Sie sich schon einmal darauf ein, dass er bei dem einen oder anderen Lieblingsstück jammern wird: »Das brauch ich aber noch. Das ist so schön bequem.« Dazu Folgendes: Zum einen gibt es auch gemütliche Klamotten, mit denen man im Falle eines Wohnungsbrandes guten Gewissens auf die Straße rennen könnte. Zum anderen sind ausgebeulte, befleckte, abgewetzte Sachen, an die man sich als Frau so gern anlehnt wie an ein muffiges Hundefell, eine Zumutung. Ja, sogar eine Beleidigung. Als würde er die Klotür nicht schließen und sich die Fußnägel vor Ihren Augen im Wohnzimmer schneiden. Es ist kein Zeichen von Nähe, sich vor dem anderen gehenzulassen, sondern eine Form von Intimität wie bei Bruder und Schwester. Hier wäre dann der bereits erwähnte Liebesentzug angebracht.

Eine weitere Therapie gegen den Schlunzvirus, der sich

gern bei längerfristigen Beziehungen einnistet: Zwingen Sie ihn, einen Tag in den Stöckelschuhen herumzulaufen, die er so sehr an Ihnen mag. Auch einen Stringtanga kann er gern mal Probe tragen.

Sie sollten allerdings darauf achten, beim Ausmisten nicht übereifrig zu werden. Entsorgen Sie nie etwas ungefragt. Vielleicht finden Sie ein Stück grauenhaft, ohne das ihm sein Leben plötzlich kalt und leer erscheinen würde. Wie zum Beispiel ein Paar Cowboystiefel, das ihm das Gefühl von unendlicher Freiheit gibt – auch wenn er seit zehn Jahren verheiratet ist und drei Kinder hat. Oder das AC/DC-Shirt, mit dem er sich fühlt, als könnte er morgen noch als Roadie auf Tour gehen. Und bedenken Sie: Mancher Mann trennt sich leichter von seiner Partnerin als von seiner geliebten Cordhose mit dem hängenden Hosenboden … Sie müssen seine tragbaren Träume ja auch nicht gleich in den Müll werfen. Ein Kompromiss wären Keller oder Dachboden, wohin er sich in schweren Stunden zurückziehen und an seine alten Erinnerungen klammern kann. Oder bitten Sie ihn, bestimmte Lieblingsteile wenigstens nicht in Ihrer, sondern nur in Gegenwart seiner ähnlich geschmacklosen Freunde zu tragen.

Manchmal ist es allerdings gar nicht das Kleidungsstück, das indiskutabel ist. So sollte niemand eine Sporthose und Sportsocken tragen, wenn er nicht beim Sport oder auf dem Weg dorthin ist. Zugfahrten oder Lebensmitteleinkäufe haben einfach nichts mit Körperertüchtigung zu tun. Es ist auch prinzipiell nichts gegen Hosen einzuwenden, die so viele Taschen haben wie ein Schweizer Messer Funktionen, oder gegen eine atmungsaktive Outdoorjacke. Aber niemand braucht sie, um eine Rolltreppe zu erklimmen.

Da manche Männer sich selbst gern als den legeren Typ verstehen, sehen sie, wenn plötzlich zu einem Anzug verpflichtet, darin aus wie auf ihrem Konfirmationsfoto. Daher ein paar Grundregeln, die Sie ihm vorsichtshalber aufschreiben und in den Schrank hängen können.

- Schuhe zum Anzug haben immer eine Ledersohle.
- Der Gürtel hat die gleiche Farbe wie die Schuhe.
- Zu einem Anzug werden keine Socken, sondern Kniestrümpfe getragen, damit die haarigen Waden im Sitzen nicht zum Vorschein kommen.
- Das Muster auf der Krawatte muss immer stärker sein als das auf dem Hemd.
- Zum Nadelstreifenanzug gehört ein einfarbiges Hemd.

Dass Frauen ihre Männer allerdings nicht immer zu deren Besten verändern, beweisen prominente Beispiele: Das eine heißt Stefan Effenberg, das andere Thomas Gottschalk. Während Claudia Effenberg gern dafür sorgt, dass ihr Mann ihr bis in die schlecht blondierten Haarspitzen gleicht, macht Frau Gottschalk aus ihrem eine Kreuzung aus Zirkusdirektor und Zuhälter. Auch im Ausland gibt es tragische Fälle: David Beckham ist bekanntlich ebenfalls ein Modeopfer seiner Frau. Sie setzt ihm ihre Haarreifen auf, reißt in seine Hosen die gleichen Löcher wie in ihre und bestärkt ihn darin, Sonnenbrillen zu tragen, die wie ihre ganze Landstriche verdunkeln könnten.

Schlagersänger Chris Andrews, Mr. Yesterday-Man, sagte vor nicht allzu langer Zeit einmal, dass er immer noch gern die weißen Lederhosen anzieht, die er bereits in den 70er Jahren trug. »Und dazu eine flippige Jacke. Meine Kleidung sucht mir meine Frau aus, ich weiß nicht, was mir gut steht …«, so Andrews. Was lernen wir daraus? Bevor Sie anfangen, Ihren Mann sukzessive umzustylen, sollten Sie Ihre eigenen Vorstellungen vorsichtshalber noch einmal von einer Person Ihres Vertrauens überprüfen lassen.

2. FOLGENSCHWER:
Männliches Essen und die fettreichen Konsequenzen

Wie sehr muss man einen Mann erniedrigen, bis er seine Probleme erkennt? Diese Frage stellte ich mir, als ich einen Artikel für eine Wirtschaftszeitung recherchierte – und zwar auf einem Anti-Aging-Seminar für Männer. Diese Männer waren in den besten Jahren, hatten aber offensichtlich ihre besten Zeiten bereits hinter sich. Nun waren sie gekommen, um Schadensbegrenzung zu betreiben.

Vor den schlaffen Haufen trat Michael Despeghel – Sportwissenschaftler, braungebrannt, durchtrainiert, Siegerlächeln. Mit Blick auf seine Teilnehmer ergriff er noch vor dem ersten Vortrag drastische Maßnahmen: Er schickte die Herren zurück auf ihr Zimmer. Dort sollten sie sich nackt vor den Ganzkörperspiegel stellen und sich fragen: Habe ich mir mit 20 Jahren vorgestellt, einmal so auszusehen? Beim Anblick der Kugelbäuche und Hintern, so groß und schlaff wie ein gelandeter Heißluftballon, war die Antwort klar: Nein.

Das klingt brutal, muss aber sein, meint Despeghel: »Männer sehen ihre Defizite sonst einfach nicht.« Für Sportwissenschaftler und Ernährungsberater sind Männer eine besonders schwierige Klientel, sie zu verbessern ist Krisenmanagement. Denn Männer finden sich immer irgendwie o.k. Oder haben Sie Ihren Freund schon mal zweifeln hören: »Schatz, bin ich zu dick?« Die Kombination aus diesen fünf Worten hat wohl noch nie einen männlichen Mund verlassen.

Das Problem liegt vor allem darin, dass Männer sich

immer noch als den Adonis von vor ein, zwei Jahrzehnten sehen. Durchtrainiert? »Ja, selbstverständlich«, meint er und denkt dabei an seine letzte Sportplatz-Runde, die er bei den Bundesjugendspielen gedreht hat. In Form? »Aber immer doch«, ist er felsenfest überzeugt. Auch wenn er in dem Trikot seines ehemaligen Fußballclubs inzwischen aussieht wie der späte Maradona. Kurzum: Wir reden bei Männern nicht von mangelnder Selbstkritik, wir reden vom Fehlen einer solchen.

Mit einem besonders schweren Fall von Realitätsverlust musste sich eine Bekannte von mir herumschlagen: Kennengelernt hatte sie ihren neuen Freund über eine Telefon-Dating-Line. So etwas war in den Zeiten vor Internet populär. Genau wie heute online, checkte man damals am Telefon ab, was man in seiner Freizeit und am anderen Geschlecht mag und was gar nicht. Kinder: ja/nein. Oper: gern/auf gar keinen Fall ... Beim Aussehen hatte meine Bekannte klare Vorstellungen: alles, nur nicht dick. Zum Glück teilte der Mann am anderen Ende der Leitung diese Vorstellung. Und als sie sich das erste Mal sahen, übertraf er all ihre Erwartungen. Schlank, 1,80 Meter, durchtrainiert. Die große Liebe.

Zehn Jahre, zwei Kinder, eine Karriere später war dieser Traumtyp allerdings nicht mehr wiederzuerkennen: Wo sich einmal der Waschbrettbauch wellte, wölbte sich ein Wanst. Wo einst das Kinn war, saßen nun drei. Die Beine waren so dick geworden wie früher die Taille. Der drahtige Mann, der sie damals noch die Treppe hochgetragen hatte, brauchte nun nach dem Aufstieg ein Sauerstoffzelt.

Sie fing an, sich für ihn und – doppelt schlimm – auch für sich selbst zu schämen, weil sie einfach nicht über seine dazugewonnenen Kilos hinwegsehen konnte. Aber so, wie man nicht wollen kann, was man will, kann man auch nicht attraktiv finden, was man will. Letztendlich hat sie sich von ihm getrennt.

Nun mag sich manch einer aufregen: Wie oberflächlich ist das denn?! Jemanden verlassen wegen so ein bisschen ästhetischem Trallala. Aber es geht in diesem Fall ja nicht um 2, 3 Kilo Liebhabespeck oder einen kleinen kuscheligen Bauchansatz. Es geht auch nicht um einen Mann, den man bereits in korpulenter Form kennen- und lieben gelernt hat, oder um ein Paar, das gemeinsam beschließt, auf der Couch mit Chips und Nüsschen alt und dick zu werden. Eine Art Fettdepotzüchtung in gegenseitigem Einverständnis – die man bei manchen Paaren beobachten kann.

Es geht um drastische Konsequenzen, die gezogen werden dürfen, wenn der Partner irgendwann kaum noch der Person ähnelt, in die man sich einmal verliebt hat. Denn so etwas kann befremdlich, und im schlimmsten Falle eben sogar entfremdend sein.

Doch der Bekannten ging es noch nicht einmal um das Aussehen und die Bewegungsunfreiheit ihres Partners. Ihr Problem war schwerwiegender: Sie konnte weder mit dem Sex noch mit der Respektlosigkeit und Ignoranz leben, die er ihr entgegenbrachte: »Wenn wir miteinander schliefen, musste ich meist nach oben.« Das war für ihn wohl einfach bequemer, meint sie. »Wahrscheinlich war er am Ende auch zu ungelenk für einen Positionswechsel.« Ihren Ausblick von oben auf die sanfte Hügellandschaft ihres Mannes empfand sie als wenig verführerisch. Und auch bei erloschenem Licht braucht es schon einiges an Phantasie, um Fettdepots zu streicheln und sich dabei Muskelberge vorzustellen.

Aber noch schlimmer war seine Haltung zu dem ganzen Thema. »Wenn der Mann weiß, dass mir sein Bauch nicht gefällt, dann kann er nicht einfach sagen: ›Ich esse eben gern.‹ Oder: ›Ich finde mich nicht dick, sondern stattlich.‹ Oder: ›Ich bin Gourmet, und das ist mein Wohlfühlgewicht.‹« Besonders aufgebracht ist sie noch heute, wenn sie erzählt, wie er sich damals mit Gérard Depardieu verglich. »Den magst du doch auch.« Ja, aber wer will einen kurzatmigen Obelix in seinem Bett?

Also zurück zum Anfang und der Frage: Wie sehr muss man einen Mann erniedrigen, bis er seine Probleme erkennt? Wahrscheinlich wollen Sie Ihren Partner nicht nackt vor den Spiegel zerren und in Tränen zusammenbrechen sehen. Aber es gibt ja noch andere Möglichkeiten, um ihm in den prallen Hintern zu treten. Ich habe einen Freund, der schnell und ziemlich plötzlich abnahm. Das Schockerlebnis, welches zur überraschenden Körperfettreduktion führte, war ein von der Partnerin vorgeschlagener und zunächst harmlos daherkommender Fotoabend mit alten und aktuellen Urlaubsbildern: »Auf dem einen Bild ist man noch ein Lance Armstrong, der gegen den Wind von Sylt ankämpft und ein Klick weiter bereits Jabba the Hut im thailändischen Strandcafé«, sah der Mann ein. Und es schüttelt ihn noch immer bei dem Gedanken an die plötzliche Erkenntnis im vergangenen Sommer.

Sie können aber auch eine augenöffnende Entrümpelungsaktion starten. Eine Freundin holte den Altkleiderbeutel raus und durchforstete mit ihrem Freund dessen Schrank nach untragbar gewordenen Klamotten. Hosen, in die gerade noch eine seiner Pobacken passte, Gürtel mit zu wenigen Löchern für so viel Mann, T-Shirts und Pullover, die für Presswurst-Optik sorgen. Der Beutel war schnell voll. Doch bevor er in der Tonne landete, schwor der Mann, alles zu tun, um wieder in seine alten Sachen zu passen. Noch arbeitet er daran. Und noch wartet auch der Beutel als mahnender Anreiz auf seinen Besitzer.

Eine manipulativere Strategie ist das Schwärmen für andere. Zeigen Sie ihm, was Sie wirklich attraktiv finden. Das könnte zum Beispiel sein sportlicher Vorgesetzter, dem diese eng geschnittenen Anzüge so unheimlich gut stehen oder Ihr Nachbar mit der Olympiaschwimmer-Figur sein. Wichtig ist nur, dass Ihr Schwarm, möglichst nicht nur gut gebaut, sondern auch erfolgreich ist. So vermeiden Sie, dass Ihr Mann mit einem Kommentar, wie »schön, aber wahrscheinlich dumm wie Brot«, kontert. Wenn er Sie nicht bereits zum Wohnungsinventar zählt, sollte Ihre Schwärmerei seinen Ehrgeiz wecken. An dieser Stelle sei betont, dass dieser Tipp nicht etwa von mir – oder einer anderen Frau – stammt, sondern von zwei Männern, die ihn unabhängig voneinander gegeben haben.

Der wohl aussichtsreichste Weg durch das dicke Fell eines Mannes führt jedoch über seine Angst, ernsthaft krank zu werden. Sollte sein Bauchumfang die 94-Zentimeter-Marke überschreiten (bei 102 Zentimetern ist das Stadium Adipositas erreicht), könnten Sie ihn einmal dezent darauf hinweisen, dass sein Gewicht damit zur körperlichen Bedrohung geworden und das Risiko, an Diabetes und Bluthochdruck zu erkranken und einen Herzinfarkt oder Schlaganfall zu erleiden, gestiegen ist. Oder verraten Sie ihm doch mal, dass mit zunehmendem Gewicht in der Regel die Qualität seines Sexlebens abnimmt. Denn der Überhang am Bauch nimmt auch hormonellen Einfluss. Die Folge: Der Testosteronspiegel sinkt – und der Mann macht im Bett im wahrsten Sinne des Wortes schlapp.

Bei einer kleinen Umfrage unter unprofessionellen Diät-beratern in meinem Bekanntenkreis wurden noch weitere Erweckungsstrategien vorgeschlagen, die ich aus verschiedenen Gründen kaum für nachahmenswert erachte, Ihnen aber nicht vorenthalten möchte:

1. Leg ihm doch mal ein Blatt Löschpapier auf seinen Stuhl. *Viel zu subtil.*

2. Schenke ihm einen Gutschein fürs Fitnesscenter. *So elegant wie Reiner Calmund bei der Wassergymnastik. Dann doch lieber gleich ein paar Stunden beim Personal Trainer, die Sie bereits bezahlt haben – und von denen er nicht zurücktreten kann. Tipp: Nehmen Sie eine hübsche Trainerin mit Entschlossenheit in der Stimme. Vor ihr wird er sich nicht so schnell eine Blöße geben.*

3. Errichte eine Armada von Waagen um sein Bett, so dass er beim Aufstehen unweigerlich auf eine treten wird. *Ein Schock, der zu anhaltender Bettflucht führen könnte. Oder er versucht sich mit der Schwere-Knochen-Nummer herauszureden.*

4. Sexentzug, bis 20 Kilo weg sind. *Zu hart.*

5. Setze ihn auf Diät. *Das könnte Sie schnell zum Single machen. Denn was passieren kann, wenn man dem Mann unsensibel sein Essen entzieht, hat Gerhard Schröder eindrucksvoll demonstriert. Nach der Trennung von seiner Frau Hillu jammerte er: »Schnitzel musste ich an der Autobahnraststätte essen.« Fleischkampf führt zu Rosenkrieg.*

Ständiges Sticheln sollte sowieso tabu sein. Das nervt nur und bringt gar nichts – höchstens Ihren Mann zur Weißglut. Und vor anderen Leuten ist die Meckerei eine Todsünde und schafft Frust. Und wohin führt Frust? Genau, zu Frustessen.

Es gibt allerdings drei Phasen im Leben eines Mannes, in denen Sie berechtigt, ja eigentlich schon dazu verpflichtet sind, ihm seine Kalorien vorzurechnen. Da sonst das schwerwiegende Unheil ungehindert seinen Lauf nehmen wird. 1. Der Übergang von Studium zu Job. Wer die Karriereleiter nach oben steigen will, muss erst einmal viel am

Schreibtisch hocken. Dazu die ständigen Geschäftsessen und Verbrüderungsgetränke. Für Sport bleibt kaum noch Zeit. Spätestens mit dem dicken Dienstwagen kommt meist auch der dicke Bauch. 2. Die Vaterwerdung: Ist die Frau schwanger, legt in den meisten Fällen auch der Mann an Gewicht zu. Eine Begründung: Wenn sie plötzlich auf die Frage »Heute Steakhaus?« mit einem begeisterten »Ja« antwortet und nachts unbedingt noch Eisbein mit Sauerkraut will, isst auch er automatisch mehr. Allerdings bleibt ihm der dicke Bauch nach der Geburt meist erhalten. 3. Die letzte Zigarette. Nimmt er die Glimmstängel aus dem Mund, bleibt mehr Platz für Chips und Schokolade.

Befindet sich der Mann in einem dieser Stadien, sollten Sie seiner bevorstehenden Umfangserweiterung sofort einen Riegel vorschieben. Fettauge sei wachsam. Doch wie macht man das Leben eines Mannes leichter?

Bei solchen Fragen rufe ich am liebsten Ingo Froböse an, Professor an der Deutschen Sporthochschule Köln und immer für eine zwischenmenschliche Fitnessanalyse zu haben: »Der klassische Mann reagiert auf Wettkampf. Da ist er dabei«, erklärte er mir die simple Herrensportwelt in zwei Sätzen. Eine Frau – und wenn es zudem noch die eigene ist – zu besiegen sei allerdings keine verlockende Herausforderung. Weshalb der lieb gemeinte Vorschlag der Partnerin, mal gemeinsam Sport zu treiben, in der Regel fehlschlagen wird. Um zu verstehen, wieso der Partnertrott selten funktioniert, muss man nur einmal die beiden Geschlechter bei der Körperertüchtigung beobachten. Nehmen wir das Joggen. Zwei Frauen laufen um die Hamburger Außenalster. Gemütliches Plaudertempo: »Wie geht's? Was macht der Job? Oh, mein Schuh ist auf, lass mal kurz anhalten.« Gehen hingegen zwei Männer zusammen laufen, fällt das Geplänkel flach. Der Blick ist starr geradeaus oder auf die Uhr gerichtet. Einer macht immer gerade Tempo. Ein offener Schuh – egal. Und die Kommunikation beschränkt sich aufs Wesentliche: »Schaffst du auch noch 'ne zweite Runde?«

Kaufen Sie also gar nicht erst Trainingsanzüge im Partnerlook, und versuchen Sie auch nicht, ihn mit zur nächsten Yogastunde zu schleppen. Suchen Sie lieber nach einem sportbegeisterten Freund oder Kollegen Ihres Mannes, einem geeigneten Rivalen – und machen Sie ihn zu Ihrem Komplizen. Er soll für Sie baggern, ihn zum Laufen, zum Fußballtraining oder ins Fitnessstudio mitnehmen.

Findet sich partout kein Trainingspartner oder Ihr Mann bleibt trotz intensiver Überzeugungsarbeit bewegungsresistent, müssen Sie ihn anders locken. Setzen Sie auf seine niederen Instinkte und schenken Sie ihm ein Sportgerät, das blinkt und piept. Je mehr Knöpfe, umso besser. Solch ein Hightech-Firlefanz wird ihn faszinieren, und mit großer Wahrscheinlichkeit will er es auszuprobieren. Selbst, wenn er sich dazu bewegen muss.

Ein kurzer Einschub zur Erklärung der Technikleidenschaft von Männern: Erinnern Sie sich noch an die ersten Tage, nachdem das iPhone auf den Markt gekommen war? Es wurde mit seinen Apps und dieser Hin-und-her-groß-und-klein-Schiebe-Optik von Männern mit einer Begeisterung hergezeigt, die Frauen nur entwickeln, wenn Babybilder die Runde machen. Plötzlich sah ich meinen Freund in der Kneipe eng mit anderen Männern zusammenrücken und ganz entzückt auf das kleine Ding drücken und starren: »Schaut mal, was es alles kann.« Aber eigentlich ist es auch egal, welches Hightech-Gerät man ihm vor die Nase hält. Leuchtet ein Display auf, beginnen auch seine Augen zu strahlen. Und darum besitzen wir inzwischen ein digitales Thermometer am Fenster (obwohl wir zwei Balkone haben), einen Festplattenrekorder (mit dem mein Freund jeden Tag die Kulturzeit auf 3sat aufnimmt, um sie jeden zweiten Tag zu löschen, meist ungesehen) und ein Skype-Telefon (wobei mir nicht bekannt ist, dass wir viele Freunde im Ausland hätten, mit denen man günstig telefonieren wollte). Aber es geht natürlich noch heftiger: Es soll Männer geben, die nennen ein Gerät ihr Eigen, das mit einem Sensor im Garten in Verbindung steht und ihnen mitteilt, wann die Sprinkleranlage eingeschaltet werden muss. So ersparen sie sich den Blick aus dem Fenster. Noch Fragen?

Natürlich weiß auch die Sportindustrie über die männliche Technikvernarrtheit Bescheid. Es gibt inzwischen Herzfrequenzmesser – die den Besitzer nicht mehr einfach nur über den Zustand des Pulses auf dem Laufenden halten. Er berechnet die Herzschlagfrequenz pro Kilometer, den Kalorienverbrauch, die durchschnittliche Geschwindigkeit und, wenn man möchte, wahrscheinlich auch die aktuelle Sternenkonstellation. Man kann seine Laufdaten auf eine Website hochladen, dort Trainingspläne und -analysen erstellen und mit Hilfe von GPS sogar auf einer Karte anschauen, wo man wie schnell entlanggelaufen ist.

Ein herrliches Spielzeug – und dabei auch noch so effektiv. Denn wenn ein Mann nicht gegen seinen Kumpel oder Kollegen in Wettstreit treten kann, so sagt er sich mit solch einem Gerät einfach selbst den Kampf an: Ziele setzen, gesetzte Ziele erreichen, neue Ziele anstreben. So ein Pulsmesser funktioniert natürlich auch beim Walken, Schwimmen oder Radfahren. Apropos Radfahren, mein Sportwissenschaftler aus Köln hat da noch einen Tipp: »Das wohl großartigste Geschenk, das Sie einem Mann machen können, ist ein Carbonfahrrad.« Da könne er die Speichen wechseln, neue Bremsen einbauen, sich die Finger ölig machen. Und am Wochenende geht's mit den Jungs los, richtig Gummi geben.

Mein Freund hat sich jetzt erst einmal eine Applikation namens »RunKeeper« auf sein iPhone heruntergeladen. Funktioniert ähnlich wie ein Pulsmesser. Doch noch hat er sein Telefon nicht mit zum Joggen genommen. Dann würde er es ja vollschwitzen. Verständlich, und deshalb habe ich mir fest vorgenommen, ihm zum nächsten Geburtstag die passende iPhone-Tasche für den Oberarm zu schenken.

Kriegt der Mann bereits beim Gedanken an Sport Atemnot, sollten Sie Bewegung geschickt als Nichtsport verpacken: Planen Sie einen gemeinsamen Wanderurlaub, oder bestehen Sie abends regelmäßig auf einem langen Spaziergang mit ihm, weil Sie im Dunkeln nicht allein rauswollen. Vor kurzem traf ich mich mit einem Freund in der Kneipe, der einen Kasten am Hosenbund trug. Wie er mir erklärte, war es ein Gerät, das seine Schritte zählte. Und tatsächlich schien ihn das Ding irgendwie anzutreiben: Er war von der Arbeit zu unserem Treffen gelaufen und wollte zurück kein Taxi nehmen, sondern lieber im Regen zur nächsten Bushaltestelle marschieren. Seine Begeisterung hatte wahrscheinlich mit dem großen Display des Schrittzählers zu tun. Darauf erschien ein Smiley als Belohnung für einen bewegten Tag, auch an diesem Abend. Und das lächelnde Gesicht schien ihn sehr glücklich zu machen.

Können Sie den Mann auch mit der Sport-light-Version nicht begeistern, bleibt Müttern noch ein letzter Joker: ihre Kinder. Als ich vor ein paar Monaten im Treppenhaus die fünfjährige Tochter meines untersetzten Nachbarn Tom traf, rief sie mir zu: »Papa darf jetzt nicht mehr den Fahrstuhl nehmen!«, und sprang die Stufen weiter hoch. Zwei Stockwerke tiefer traf ich auf besagten Vater, schweißgebadet und noch drei Stockwerke vor sich. »Ist der Aufzug kaputt?«, war meine logische Schlussfolgerung. »Nein«, schnaubte er kurzatmig zurück.

Also fragte ich am nächsten Tag seine Frau Martha. Martha ist all das, was man wohl heutzutage unter dem Klischee einer modernen Frau versteht: Mutter, Vegetarierin, Yoga-abhängig und erfolgreich im Job. »Unsere Tochter hat ihrem Vater gesagt, es sei ihr peinlich, mit ihm an den Strand zu gehen«, erklärte sie ohne eine besondere Gefühlsregung und goss den Kaffee mit Sojamilch auf. Die ganze Familie war vor ein paar Wochen im Urlaub auf Usedom gewesen, als Papas Gewicht auch für ihn zum ersten Mal zum Problem wurde. »Oh, wie furchtbar. Hat es ihn schwer getroffen?«, fragte ich besorgt. »Anscheinend sehr«, sagte sie wieder ohne erkennbare Anteilnahme. »Seitdem hat er immerhin fünf Kilo abgenommen. Von mir aus könnten es gern noch ein paar mehr sein. Aber ich sage schon seit Jahren nichts mehr. Auf mich hört ja eh keiner.« Sie war eindeutig gekränkt. Inzwischen sieht man Tom nicht mehr nur die Treppen erklimmen, manchmal hat er dabei sogar kaum noch Schweißperlen auf der Stirn, dafür ein stolzes Grinsen im Gesicht und die Tochter auf dem Rücken.

Martha hatte mir vor Jahren schon erzählt, dass sie ihren Tom gern ein bisschen schlanker hätte. Manchmal mische sie ihm sogar heimlich vegetarische Bio-Tortellini unter seine Fleischvariante. Wenn er also denkt: »Hmm, lecker Hack«, kaut er auf Tofu herum. Natürlich hat er dadurch kein Gramm verloren.

Der Versuch, Männer zu einer besseren Ernährung zu erziehen, damit sie abnehmen, ist so Erfolg versprechend wie Dieter Bohlen eine Sonnencreme zu schenken. Nahrung für den ganzen Kerl besteht seiner Meinung nach aus Currywurst, Pommes und einem ordentlichen Bier, nicht aus Pute, Salat und einem stillen Wasser. Ernährungs-Soziologen nennen dieses Phänomen »Inszenierung der Geschlechter«. Demnach gibt es weibliche Gerichte, die ausdrücken sollen: Ich achte auf mich, ernähre mich leicht und gesund. Und männliche Gerichte, die der Welt vom Teller aus zurufen: Der Typ, der mich isst, kann zupacken und entscheidet nicht nach Kalorien, sondern nach Geschmack. Dass ein Mann, den man mit magerer Hühnchenbrust auf Knäckebrot lockt, pfeifend auf dem Fahrrad vorfährt, über den Gartenzaun hüpft, um Küsschen zu geben und schmatzend zu loben, die Frau habe an der Ernährung gedreht, das funktioniert nur bei den Kerners in der Werbung.

Trotzdem haben Frauen anscheinend automatisch Einfluss auf das, was der Partner isst. Denn glaubt man der Studie einer britischen Ernährungsexpertin der Newcastle University, nehmen Männer, wenn sie mit einer Frau zusammenziehen, erst einmal ab, weil sie ihre gesünderen Essgewohnheiten adaptieren. Falls Sie noch nicht mit Ihrem Freund zusammenwohnen, haben Sie also jetzt noch einen Grund, sich mit ihm eine Wohnung – und vor allem die Küche – zu teilen.

Da Sportprogramm und Ernährungsoptimierung aber nicht von heute auf morgen wirken, können Sie als Sofortmaßnahme damit anfangen, ihn sich schlank zu schummeln. Das hat nichts mit Fettabsaugen oder Schöntrinken zu tun, es geht ums Kaschieren durch Kleidung. Wenn Sie wissen, was untersetzte Männer optisch schlanker trickst, können Sie ihm vielleicht ein paar passende Sachen schenken. Und wenn Sie wissen, was ihn noch dicker aussehen lässt, können Sie beim Einkaufen vielleicht das Schlimmste verhindern.

Besonders vorteilhaft sind dunkle Farben von Dunkel-blau über Dunkelgrün bis Dunkelbraun und Schwarz. Zudem sollte er so wenig Muster wie möglich an seinen Körper lassen, nur die vielgepriesenen Längsstreifen kön-nen tatsächlich manchmal hilfreich sein. Mit einem Roll-kragenpulli wirkt jedes überflüssige Gramm im Gesicht wie vom Körper in den Kopf gepresst. Bei Jeans sollte er dunkle Modelle bevorzugen, helle Farben tragen auf. Waschungen sind meist unvorteilhaft.

Für den klassischen Businesslook gilt: Einreiher sind besser als Zweireiher. Und wenn Sie es ihm liebevoll ver-mitteln können, dann raten Sie ihm, das Jackett geschlos-sen zu halten – und nur zu öffnen, wenn er sich setzen will. Einfache dunkle Anzüge und Krawatten kombiniert er am geschicktesten mit einem unifarbenen oder weißen Hemd. Merke: Durch »geräumige« Anzüge sieht er nicht schlan-ker, sondern nur geräumiger aus. Schmal geschnittene Hosen lassen ihn auch schmaler wirken. Ein Einstecktuch lenkt den Blick auf die Brust, nicht auf die Taille. Hosen-träger verhindern, dass sein Bauch mit einem Gürtel einge-zwängt wird und darüber Rollen wirft.

(Wie Sie ihn dazu bringen, die falschen Sachen weg-zuwerfen und die richtigen anzuziehen, lesen Sie im Ka-pitel »Pimp your boyfriend«).

Sie haben alles versucht: den Freund, den Kollegen, die Kinder, den Altkleiderbeutel, die Fotoshow etc. Und er hat nicht abgenommen. Er will Sie auch nicht als Einkaufs-beraterin. Und Trennung ist keine Option. Dann müssen Sie komplett umdenken. Dazu ist es zunächst wichtig, heraus-zufinden, in welche Gruppe von Schlankmacherinnen Sie gehören. Da Sie dieses Kapitel gelesen haben, müssten Sie sich in einer der folgenden Kategorien wiedererkennen.

1. Die Mengen an Essen, die Sie verdrücken können, sind so enorm, dass die Welthungerhilfe Ihnen bereits ein Einreiseverbot für Länder erteilt hat, in denen Nahrung knapp ist. Turnschuhe ziehen Sie nur an, wenn Sie mit Heißhunger zur nächsten Dönerbude sprinten wollen. Trotzdem nehmen Sie seit Jahren kein Gramm zu. Kein Wunder also, dass Sie nicht verstehen, wie Ihr Freund jemals so eine dicke Wampe bekommen konnte. Aber die soll nun weg.

2. Sie sind schlank – und das nicht ohne Grund. Sie kennen die Empfangsdame in Ihrem Fitnesscenter besser als Ihre eigene Mutter. Im Restaurant bestellen Sie Salat, während Ihr Freund das Schnitzel verschlingt. Klar, dass da Futterneid aufkommt.

3. Sie sind auch eher kräftig, kriegen Ihre Problemzonen – die Sie ja wenigstens kennen – nicht in den Griff und wollen nun bei ihm Ihre Diät-Strategien testen.

4. Ihr Mann ist schlank, Sie sind dünn – aber Sie amüsieren sich einfach gern auf Kosten anderer.

Gehören Sie zu Gruppe 1, dann danken Sie Gott nach jedem Bissen, dass er Ihnen diesen unglaublichen, diesen großartigen, für kein Geld der Welt bezahlbaren Stoffwechsel geschenkt hat. Und essen Sie vor seinen Augen ab heute nur noch Salat und mageres Hühnchen mit Gemüse. Erinnern Sie sich an die Studie aus Newcastle? Er adaptiert schnell. Und das allein könnte in Ihrem Fall schon helfen.

Gehören Sie zu Gruppe 2, dann müssten Sie eigentlich verstehen, dass das lebensverneinende Pensum, das Sie an den Tag legen, nicht für jeden etwas ist. Was Sie ihm vorleben, ist schwer nachzumachen. Klopfen Sie sich also mal ordentlich auf die gestählte Schulter, belohnen Sie sich mit einer Familienpackung Eiscreme und haben Sie Mitleid mit Ihrem armen Freund, der nicht so willensstark ist –

und wahrscheinlich auch nicht so dick, wie Sie denken. Möglicherweise haben Sie einfach den falschen Partner. Sie brauchen einen Fitnesstrainer oder einen Diätberater. Wie wäre es mit dem attraktiven Leiter Ihres Hot-Iron-Kurses?

Gehören Sie zu Gruppe 3, dann stellen Sie sich einmal vor, Ihr Freund würde plötzlich massiv abnehmen. Dann können Sie nie mehr denken: »Neben meinem Freund wirke ich immer so schön schlank.« Ich habe auch schon Frauen sagen hören: »Ich finde es ganz gut, wenn mein Freund ein bisschen moppeliger ist. Dann habe ich ihn wenigstens für mich allein.« Alles hat auch seine Vorteile.

Gehören Sie zu Gruppe 4: Herzlichen Glückwunsch zu einem schlanken Mann und einer spaßbringenden Charakterschwäche.

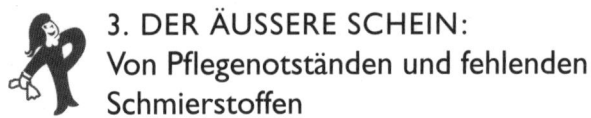

3. DER ÄUSSERE SCHEIN:
Von Pflegenotständen und fehlenden Schmierstoffen

Es ist dieser Moment, in dem Hochzeiten vom offiziellen Ja-Sagen, Torte-Anschneiden und Redenhalten zum ausgelassenen Teil übergehen. Der Moment, wenn die Braut den Schleier von sich wirft und mit ihrer Schleppe das Parkett im Takt zu Dorfdisko-Klassikern fegt. Dann versammeln sich die Männer der Hochzeitsgesellschaft, das Glas in der Hand, neben der Tanzfläche. Und die Singles unter ihnen lassen nach all den Vorträgen über grenzenlose Liebe und uneingeschränkte Paarfreude ihre gescheiterten Beziehungen noch einmal vor ihrem geistigen Auge vorbeiziehen.

Bei einer Hamburger Hochzeit, auf der ich kürzlich war, stand Peter, 39 Jahre, Affärenstatus, am Rand einer zu »It's raining men« zuckenden Menge. Ein wohlgenährter, trinkfreudiger Mann, eher der Typ Heinz Erhardt mit Pausbacken – und sicher nicht dem heutigen Schönheitsideal entsprechend.

Aber genau nach dem schien er auf der Suche zu sein. »Meine Exfreundin meinte neulich zu mir, ich sei der letzte Mann gewesen, den sie so behaart in ihr Bett gelassen habe«, sinnierte er. Die Aussage der Frau schien ihn verstört zu haben, erschüttert in seiner Weltanschauung. »Ich dachte, Männer dürfen wieder Brusthaar tragen.« Verschreckt wie ein Sandmännchen, dem der Zauberstaub ausgegangen ist, fragte er: »Artet das jetzt etwa auch in Faschismus aus? So wie bei den dicken alten Männer, die ihr Recht auf eine

Frau mit Knackpo einfordern?« Ich hatte keine Antwort, nur einen Emanzenspruch parat, irgendwas von wegen Gleichberechtigung, wer Knackpo will, sollte Glattpo haben, oder so ähnlich. Woraufhin Peter noch verwirrter und dazu nun auch beleidigt vorbei an der tanzenden Gesellschaft zur Bar ging. Wohl auf der Suche nach einer Frau ohne Ganzkörperhaarphobie.

Es herrscht Verunsicherung in der Männerwelt. Und dabei geht es nicht nur um den Bewuchs von Bauch, Beinen und Brust. Fast jeder Körperteil birgt für den Herrn von heute die Frage: Was ist erwünscht? Was sieht albern aus? Viele mehrdeutige Signale wurden in den letzten Jahren an den Mann gesendet. Gehört ein Reif im Männerhaar zum gepflegten Fußballspiel, oder ist es lächerliche Metrosexuellen-Attitüde? Findet die Frau eine Intimrasur hygienisch, oder erinnert sie ein enthaartes Genital an einen hässlichen Nacktmull? Ist eine rasierte Glatze besser als eine zugekämmte Tonsur? Wie lang dürfen Nasen- und Ohrhaare höchstens sein? Welcher Zahn-Gelbstich rechtfertigt die Tatsache, dass man neben der Freundin mit einer Bleichgel-Schiene schläft? Ist es o.k., sich die grauen Haare jung zu färben, oder ist das nur Michael Schumacher vorbehalten? Und ab wann sind Zähne so weiß, dass sie nur noch in Hollywood getragen werden dürfen? Sind die abgekauten Fingernägel von Colin Farrell eigentlich cool? Kurzum: Macht er zu viel an seinem Aussehen, hat er Angst, unmännlich zu wirken. Macht er zu wenig, könnte das unattraktiv sein.

Waren in den 70er Jahren noch vier von fünf Männern mit ihrem Aussehen im Reinen, so ist es heute gerade jeder Zweite. Generell sind die Voraussetzungen zurzeit also nicht schlecht, um seinem Freund das eigene Schönheitsideal als Weltkulturbeutelgut zu verkaufen. Man könnte sogar meinen, viele würden sich freuen, wenn ihnen die Frau endlich einmal verrät, was sie will.

Egal, ob Sie an Ihrem Mann nun geschmäcklerische Kleinigkeiten stören oder es um eindeutige Abscheulichkeiten geht wie Schweißfüße, so feucht, dass man Schwimmhautbildung fürchten muss, oder einen Körpergeruch, der einer nassen Hundedecke gleichkommt – die Ausgangsfrage ist immer die gleiche: Wie sage ich es ihm?

Da fast alle Männer sensibler sind, als man gemeinhin annehmen würde, sollte ein unmissverständlicher Direktangriff nur in letzter Konsequenz ausgeführt werden. Einzige Ausnahme: Mangelnde Körperhygiene, die in Respektlosigkeit Ihnen gegenüber ausartet. Selbstverschuldetes Stinken durch zu seltenes Duschen ist kein Kavaliersdelikt, sondern so unhöflich wie Gähnen, ohne die Hand vor den Mund zu nehmen. Auch schlechte Zähne sind indiskutabel. Und das müssen Sie ihm deutlich sagen. Ganz deutlich. So schnell wie möglich.

Bei kleineren Angelegenheiten hingegen sollten Sie erst einmal schonende Übermittlungsstrategien anwenden. Versuchen Sie zunächst einmal aus dem männlichen Makel keine große Sache zu machen. Trommeln Sie wegen ein paar abgekauten Fingernägeln nicht gleich zum Krisengespräch. Besser: Erwähnen Sie Ihren Corpus Igitti ganz en passant, bei einer gemeinsamen Autofahrt oder wenn Sie zusammen im Bad stehen und ein Spiegel Ihre Beschreibungen praktischerweise gleich optisch belegt. Wenn Sie oder Ihr Freund einen empfindlichen Magen haben, sollten Sie körperliche Schwachstellen auf keinen Fall beim Essen ansprechen. Warten Sie mit Pickeln und Pohaaren dann bis nach dem Dessert, sonst erscheint das Problem womöglich ekliger, als es tatsächlich ist.

Federn Sie die Negativität ab, so gut es geht. Besonders

hat mir ein Tipp der Autorinnen von »Eine Frau – Ein Buch« gefallen. Sie raten dazu, die Kritik in eine positive Relation zu setzen. Beispiel: »Deine Nasenhaare stören, aber auch deswegen, weil deine Nase sonst so perfekt ist.« Oder stellen Sie das Problem als klein und neu dar, etwa mit »Huch, was hast du denn da?« Manchmal kann man die körperlichen Unzulänglichkeiten des Mannes auch auf sich beziehen. Hat er zum Beispiel Schwielen oder Hornhaut an den Händen, vielleicht weil er Ruderer, Autoschrauber oder Gärtner ist, sagen Sie: »Das kratzt immer so, wenn du mich streichelst«, und nicht: »Bäh, sieht das hässlich aus!«

Manche Verbesserungsvorschläge lassen sich auch hervorragend als selbstloses Bemühen um seine Außenwirkung verkaufen. Schließlich ist es doch besser, wenn Sie ihn darauf aufmerksam machen, dass sein Atem nicht nach frischer Minze riecht oder seine Kopfhaut schuppt – und nicht die Kollegen. Bestimmt weiß auch er, wie eng gepflegtes Aussehen und Erfolg im Beruf zusammenhängen und dass noch so gute Qualifikationen nur selten über unschöne Äußerlichkeiten hinweghelfen. Aber manchmal scheint die Tatsache in Vergessenheit zu geraten, dass ein Chef, der die Wahl hat zwischen einem Mitarbeiter mit strähnigen Haaren und Achttagebart und einem frisch rasierten, ordentlich gekämmten Angestellten, immer lieber Letzteren einstellen oder befördern würde. Erinnern Sie ihn ruhig mal wieder daran.

Ihn auf äußerliche Unzulänglichkeiten hinzuweisen ist in vielen Fällen einfach nur fair. Denn unzählige Männer leiden unter einem Wahrnehmungsdefizit. Ihnen fehlt der Detailblick. Jeder kennt den Klassiker: Die Frau kommt direkt vom Friseur, und dem Freund fällt nichts auf. Meist spüren Männer zwar, etwas ist anders. Sie erkennen aber nicht, dass Augenbrauen perfekt in Form gezupft sind und der Haaransatz frisch gefärbt. Für ihr eigenes Aussehen bedeutet das leider häufig: Wer Pickel und Mitesser, eingerissene Mundwinkel und zusammengewachsene Augenbrauen gar nicht sieht, kann auch bestens damit leben.

Sollten Sie ein eher schüchterner Mensch sein, der lieber im Verborgenen arbeitet, dann können Ihnen vielleicht diese kleinen Tricks weiterhelfen. Sie funktionieren ganz ohne Worte:

1. Mundgeruch. Er benutzt Zahnseide, Zungenschrubber, Gurgelwasser – und trotzdem hat sein Atem eher das Aroma von faulen Eiern oder Pferdemist? Dann trinkt er vielleicht zu wenig Wasser. Sorgen Sie dafür, dass sein Glas immer voll ist. Und kaufen Sie Joghurt. Auch der soll helfen.

2. Schmierige Haare. Tauschen Sie sein Shampoo in der Dusche gegen eine Anti-Fett-Variante aus und behaupten Sie, Sie hätten es nötig. Er könne es aber gern mitbenutzen. Das gleiche funktioniert auch bei Schuppen.

3. Schweißfüße. Es muss nicht an ihm liegen. Schuld können auch seine Schuhe oder Socken sein. Ihm neue, atmungsaktive Schuhe zu kaufen wäre wahrscheinlich übertrieben. Aber Socken und Strümpfe mit eingearbeiteten Silberfäden, die Bakterien abtöten, sind nicht teuer. Oder Sie schmuggeln ihm geruchshemmende Einlegesohlen in die Schuhe. Statt nach Limburger Käse riechen seine Füße dann hoffentlich nach Zedernholz oder Zimt.

4. Schuppige Haut. Das Wort Lotion hat er bestimmt schon einmal gehört, sie aber wahrscheinlich noch nicht benutzt. Um ihn unauffällig damit einzucremen, verpacken Sie den Akt als Partnermassage.

Bei einer Freundin von mir hat sich eine ebenfalls wortlose Überrumpelungstaktik bewährt. Nein, Sie sollen Ihren Freund nicht im Schlaf die Fingernägel feilen oder ihn plötzlich zu Boden werfen, um ein paar Nasenhaare rauszuzupfen. Es reicht, wenn Sie zum Beispiel, während er neben Ihnen im Bad die Zähne putzt, einfach zum Rasierer greifen und sich plötzlich und unerwartet über seine Nackenhaare hermachen. Die Wahrscheinlichkeit, dass er versucht, Sie mit der Zahnbürste abzuwehren, ist gering.

Oder Sie steigen mit Mann und Rasierer unter die Dusche. Dort können Sie sich nach dem gegenseitigen Einseifen um seine komplette Rückseite kümmern, die für ihn aus anatomischen Gründen ein blinder Fleck ist. Und wie Sie ihn danach fürs Stillhalten belohnen, da fällt Ihnen bestimmt etwas ein.

Wollen Sie ihn zu einer Komplettrasur seines Brustpelzes bewegen, wird er wahrscheinlich unzählige Ausreden parat haben: »Die nachwachsenden Haare jucken wie verrückt«, »Dann sehe ich ja aus wie 12« oder »Das ist mir viel zu anstrengend«. Kommen Sie mit dem Vorschlag Wachs, wird sich der Neandertaler wahrscheinlich drücken, weil es ihm zu weh tun würde, sich die Haare vom Leib zu reißen, und Männer bekanntlich mit Schmerzen nicht besonders gut umgehen können. Nur fürs Stutzen der Körperhaare gibt es keine Ausrede. Sie können es also guten Gewissens einfordern.

Wenn all die sanften Reinigungsmethoden keine Wirkung zeigen – man verstößt Sie aus der Dusche oder versteht Ihre feinen Anspielungen nicht –, müssen Sie mit dem Zaunpfahl winken. Geschenke sind zwar plump, aber eine Möglichkeit. Vielleicht überreicht man den Nasenhaarschneider nicht gerade am Hochzeitstag oder verpackt ihn als Geburtstagsgeschenk. So etwas eignet sich besser als kleine Überraschung zwischendurch.

Auch interessant: Im Internet fand ich kürzlich den

Multirazor. Eine Badebürste, wie man sie zum Rückenschrubben kennt, in deren Schwammkörper eine Klinge steckt. Ein offenbar begeisterter Benutzer lobte den »Nassrasierer am Stiel« in einem Online-Beitrag als »die beste Erfindung seit dem Rad«. Und sollte man damit wirklich alle entlegenen Körperstellen wie Rücken und Po ohne Mitwirkung einer anderen Person erreichen können, wären die 30 Euro wahrlich gut investiert, dachte ich. Also pries ich den schnittigen Schwamm unter meinen männlichen Bekannten als bahnbrechende Neuheit an, die das Zusammenleben von Mann und Frau revolutionieren würde – und wartete auf Feedback. Das ich leider nicht bekam, da das Gerät niemand kaufen wollte. Allen erschien es unnütz oder sogar gefährlich. Also bestellte ich es. Der Mann, der es für mich ausprobierte, war zufrieden. Den Flauschpo zu enthaaren habe zwar lange gedauert – aber am Ende sei alles glatt gewesen und Schnittwunden, die hätten versorgt werden müssen, seien ausgeblieben.

Bei unansehnlichen Händen oder Füßen kann sich ein Gutschein für Mani- oder Pediküre auszahlen. Betonen Sie beim Überreichen eher den Wohlfühl- als den Reinigungsaspekt. »Dabei entspannt man sich hervorragend«, klingt einfach charmanter als »Gegen deine Hühneraugen« oder »Ich kann deine abgesplitterten Nägel und die eingerissene, fransige Nagelhaut einfach nicht mehr ertragen«. Von einem Fußpflegeset als Präsent sollten Sie hingegen absehen. Dann haben Sie das Ding im Haus und müssen Ihrem Mann beim Hobeln der Hornhaut womöglich noch assistieren.

Ein weiterer Vorteil der Auslagerung: Sie eröffnen ihm eine völlig neue Welt. »Es kommen ab und zu Männer in meine Praxis, die die Hornhaut an ihren Füßen mit einem Schleifgerät aus dem Baumarkt oder mit einer Holzraspel entfernt haben«, erzählte die Fußpflegerin Susanne Tolksdorf aus Leverkusen einem Apothekenmagazin. Ebenfalls überraschend naiv klang ein Freund von mir, den die Zeitung »Welt am Sonntag« zu seiner ersten Maniküre schickte, damit er darüber einen Erlebnisbericht verfasste: »Man probiert etwas aus, von dem man nicht einmal vermutet hätte, dass es existiert. Denn Männermaniküre hat wenig mit den Unterschieden zwischen Homo- und Hetero- oder gar mit der effeminierten Metrosexualität zu tun. Männer haben einfach gar kein Verhältnis zu ihren Händen.« Zusammenfassend schrieb er, es sei sehr schnell gegangen und habe nicht weh getan. Manche Männer brauchen anscheinend einfach nur einen Anstoß für den ersten Ausflug in den sanitären Sektor.

Ein Beispiel dafür, wie groß die Lücke zwischen den Geschlechtern im kosmetischen Wissensbereich ist: Eine Bekannte hatte zum Thema Haarschnitt den zugegebenermaßen etwas kryptischen Satz »Ich wollte Stufen und bekam einen *Rachel*« auf Facebook gepostet. Ganz selbstverständlich antwortete die erste Freundin: »Oh! Mit Kopftuch verhüllen? Pferdeschwanz?« Die nächste schrieb: »Kopf ab!« Die dritte: »Selber schneiden Armes … Ich trau denen eh nicht!« Dann schaltete sich ein Mann ein: »Wollte Treppen und bekam einen Fahrstuhl … habe ich was missverstanden?« Ein Unwissender. Selbst wenn Sie nicht zu den Frauen gehören, die sich so intensiv mit Äußerlichkeiten auseinandersetzen, als könnten schlecht geschnittene Haare oder unrasierte Beine Auswirkungen auf den Weltfrieden haben, werden Sie wahrscheinlich wissen: Rachel ist eine Figur aus der Fernsehserie »Friends« und wurde von Jennifer Aniston verkörpert. Die Rachel-Frisur, ein Helm mit Fransen, beschäftigte Friseure von Los Angeles bis Lüdenscheid.

Nun kann man diesen Wissensvorsprung ausspielen und an seinem Partner herumnörgeln. Davon hat aber niemand etwas. Also: Helfen Sie dem pflegebedürftigen Mann lieber. Geben Sie ihm eine Einweisung in Ihren Kosmos der Pinzetten und Peelings. Ich habe meinem Freund einmal mein komplettes Vollwaschprogramm vorgeführt. Während er nämlich morgens unter die Dusche springt, sich einseift, abspült, grob abtrocknet, manchmal rasiert und in die Klamotten steigt, bin ich ungefähr viermal so lange im Badezimmer beschäftigt wie er. Sie wissen schon: Unter der Dusche nicht einfach nur duschen, sondern außerdem Beine und Bikinizone rasieren, häufiger mal eine Haarkur, regelmäßig Peelings im Gesicht oder an den Beinen, damit die Härchen nicht einwachsen. Nach der Dusche Lotion auf den Körper, Schaumfestiger in die Haare. Dann zurechtfönen, Gesichtswasser, Gesichtscreme, Augencreme, Nasolabialfaltencreme … Dass ich mir die Augenbrauen zupfe, die Wimpern verbiege und abwechselnd befeuchtende und reinigende Masken auflege, war meinem Freund völlig neu. Dass andere Frauen probieren, sich unter der Brause so lange mit einer Bürste oder einem Schwamm die Dellen vom Körper zu kreisen, bis rohes Fleisch zum Vorschein kommt, wieso sie sich Plastiknägel aufkleben oder ihren Damenbart mit Wachs rausreißen, versuchte ich gar nicht erst zu erklären. Und auch mein Make-up-Arsenal habe ich nicht vor ihm ausgepackt. Wer keine Angst vor einer Komplettentzauberung hat, sollte dies aber ruhig tun.

Wozu? Damit die Männer wissen, was ihre Frauen im Bad die ganze Zeit treiben. Danach wird er sich zum einen nicht mehr darüber beschweren, was denn da so lange dauert. Zum anderen wird er einsehen, dass sein gejammertes »Ich habe einfach keine Lust, mich jeden Tag zu rasieren« für eine Frau nun wirklich kein ausreichendes Argument ist, um sich das frisch eingecremte Gesicht zerkratzen zu lassen.

Hat man Glück, gibt sich der Mann daraufhin auch mehr Mühe bei der Körperpflege. Das sollten Sie dann unbedingt positiv kommentieren. Viele Frauen haben leider den Grundsatz: »Nicht gemeckert ist genug gelobt.« Dabei gehört das Loben zur hohen Kunst der Männerverbesserung. Und da Männer in der Regel weniger Komplimente erhalten als Frauen, sind sie auch leichter damit zu beeindrucken (siehe Kapitel 13, »Der letzte Schliff«). Sie müssen also gar nicht übertreiben. Lassen Sie unglaubwürdige Superlative weg. Nur weil er mal ein Deo aufgelegt hat, ist er ja nicht der begehrenswerteste Typ des Universums. Das weiß selbst er. Besser: »Das Rasierwasser riecht super an dir.« Subtiler: »Kann ich dein T-Shirt mitnehmen? Es duftet so schön nach dir und deinem Eau de Toilette.« Oder Sie setzen ein Kompliment zielgerichtet ein: »Du hast so schöne Augen, ohne die Brille würden sie noch besser zur Geltung kommen.« Selbst ein unmotiviert gebrummtes »Mhhh« als Reaktion von ihm, können Sie als positive Antwort verbuchen: Insgeheim freut er sich und hofft auf mehr. Einfacher können Sie ihm keine Motivationsspritze setzen.

Nur, wenn es um Männerkosmetik geht, sind die Herren anscheinend nicht so leicht zu begeistern. Seit Jahren gibt die Industrie alles, um den Mann an die Cremetöpfe zu locken. Mit bislang mäßigem Erfolg. Bei der repräsentativen Umfrage für eine Gesundheits-Website gaben 2009 über 60 Prozent an, so gut wie gar keine Produkte für Haut- und Schönheitspflege zu benutzen. Immer wieder ergeben Untersuchungen, dass Männer das Wort Peeling nicht kennen oder dass nur jeder Achte eine Gesichtscreme benutzt. Skandalös. Doch warum sollte einen das überraschen? Fragen Sie mal im Freundeskreis nach. Viele Männer meinen tatsächlich, Falten würden sie interessant aussehen lassen und ein rauer Teint sei doch sehr maskulin.

Wenn Sie beim Blick ins Gesicht Ihres Mannes in letzter Zeit häufiger an Ihre alte Ledertasche denken müssen, dann sollten Sie schnellstens versuchen, ihn an Schmierstoffe zu gewöhnen. Stellen Sie ihm zunächst einmal eine einfache Gesichtscreme hin. Aber welche? Gut ist, wenn auf dem Tiegel zum Beispiel die Worte »Energy« (nichts für Weicheier), »Men« (Männersache) oder »Q10« (technisch) stehen. Es gibt eine Herren-Serie, die »Men Expert« heißt, darin arbeitet der Wirkstoff ADS, Active-Defense-System – was für Männer angenehm nach Wartungsarbeiten und weniger nach Streicheleinheiten klingt. Auch die Form Ihres Mitbringsels kann den Mann beruhigen: So gibt es praktische Dosierspender, die aussehen wie Handgranaten, und metallisch schimmernde High-Tech-Hüllen, die an eine Dose Motoröl erinnern. Und bei Aldi konnte man kürzlich einen durchsichtigen Cremespender kaufen, in dem zwei Röhrchen Flüssigkeiten für einen »Turbo-Straffungseffekt« zusammenführten.

Wenn Sie eine Marke nehmen, die sich ausschließlich um Herrenhaut kümmert, fällt für ihn angenehmerweise auch jegliche feminine Assoziation weg. Er benutzt auf keinen Fall »Weiberkram«, den er vielleicht von Ihrer Seite des Badezimmerschranks kennt. Kann er sich mit einer Creme anfreunden, wird er schnell merken, wie gut es sich anfühlt, wenn die Haut sich nicht mehr spannt wie ein praller Luftballon.

Hat ihr Freund im Winter derart rissige Hände, dass er mit ihnen den Putz von den Wänden reiben könnte, bringen Sie ihm eine Salbe aus der Apotheke mit. Das klingt medizinisch. Benutzen Sie nicht das Wort Handcreme. Die verbindet er mit seinen Kolleginnen, die sie permanent aus der obersten Schublade ihres Schreibtisches ziehen und damit nerviges Dauercremen veranstalten. Ein Fabrikat, das laut Werbung von norwegischen Fischern benutzt wird, eignet sich besonders gut, um die Selbstzweifel des Mannes auszuschalten. Der Mythos ist kernig, der Geruch neutral und die Konsistenz ähnelt Maschinenfett.

Gesichtscreme und Handcreme, vielleicht noch eine gute Seife, das sollte für den Anfang genügen, meinen auch Experten. Kommen Sie nicht auf die Idee, ihm ein ganzes Carepaket zu schnüren. Verschrecken sie ihn nicht mit Begriffen wie »Baume« oder »Defatigant«. Und erwarten Sie auf keinen Fall, dass er sich nach einem anstrengenden Geschäftstag zum Glas Wein und einer Zigarre auch noch eine Gesichtsmaske gönnt.

Generell sollte man es mit dem Schönheitswahn nicht übertreiben. Man will am Ende ja auch keinen Achselhaarrasierer, keinen American Psycho, keinen Narziss, der länger im Bad braucht und mehr Geld für sein Aussehen ausgibt als man selbst. Alles, was nach Behandlung aussieht, kann Männer zudem schnell zu Witzfiguren machen. So sollte man zusammengewachsene Augenbrauen zwar trennen, doch bei den meisten Männern sehen darüber hinaus bearbeitete Brauen einfach furchtbar unnatürlich aus. Und Sie wollen doch keinen Harald Glööckler zum Partner.

Sollten Sie ihn zu einschneidenden Veränderungen wie Nasenkorrekturen oder Haartransplantationen überreden wollen, sollten Sie sich das vorher gut überlegen. Schließlich sprechen wir dann nicht mehr von sanften Creme- und Zupf-Methoden, sondern Hardcore-Eingriffen. Also: Ist es die Sache wirklich wert? Es kann nicht nur eine Menge schiefgehen, es besteht auch die Möglichkeit, dass Sie danach feststellen: Das Ergebnis macht weder ihn noch Sie glücklich, hat dafür aber eine Menge Qualen und Kosten verursacht. Auf jeden Fall sollten Sie, bevor Sie mit der Überzeugungsarbeit bei Ihrem Partner beginnen, eine zweite Meinung einholen. Findet Ihre beste Freundin auch, dass die Zeit reif für eine Fettabsaugung an seinem Bauch ist. Oder machen Sie aus einem Pölsterchen eine Plauze?

Verlangen Sie auch nicht zu viel auf einmal. Orten Sie die schlimmsten Problemzonen am Körper des Mannes. Zum Beispiel: haariger Nackenspoiler und Schweißfüße. Das sind schon zwei große Projekte. Wenn Sie jetzt noch mit einem unansehnlichen Leberfleck, seinen rauen Lippen, die noch nie einen Labello geküsst haben und Pulliflusen im Bauchnabel kommen, wird er sich nicht nur überfordert, sondern auch wie ein kleines hässliches Ding vorkommen. Und als solches sieht er eh keine Perspektive mehr für sich – und resigniert.

Ob Sie es allerdings tatsächlich mit einem hoffnungslosen Pflegefall zu tun haben, erkennen Sie, wenn einer der folgenden Punkte auf Ihren Freund zutrifft:

1. Er denkt, Deo sei wider die Natur und hinter der Abkürzung verberge sich die Organisation zur Destruktion des eigenen Odeurs.
2. Er nimmt regelmäßig ausdauernde Bohrungen in Ohr und Nase vor – und genießt dabei sein Publikum.
3. Er hat sich einen Schnurrbart stehen lassen, um seine Nasenhaare darin zu verstecken.
4. Im Naturkundemuseum wirken die Ausstellungsmodelle im Vergleich zu Ihrem Mann modern und gepflegt.
5. Sein Körper riecht nach Verwesung.
6. Sie überlegen, aus seinem Ohrenschmalz Profit zu schlagen, indem Sie es als Kittsubstanz vertreiben. Sie befürchten nur, dass der hohe Haaranteil in der Masse die Festigkeit beeinträchtigen könnte.

Fallen Ihnen an Ihrem Mann in letzter Zeit immer mehr Unansehnlichkeiten auf? Erst störte Sie sein Brusthaar, er wachst es nun regelmäßig. Dann konnten Sie mit seinen Mitessern nicht mehr leben, er peelt und quetscht seitdem, was die Haut hergibt. Seine Füße pudert er auf Ihren Wunsch inzwischen täglich, doch nun ist Ihnen sein linkes Ohr aufgefallen. Es steht irgendwie seltsam ab. Dann könnte es sein, dass Sie sich gerade entlieben. Lesen Sie also bitte Kapitel 11, »Lohnt sich das Ganze überhaupt?«

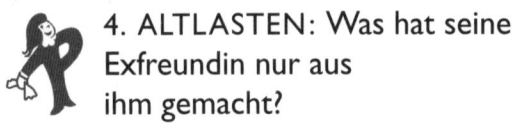

4. ALTLASTEN: Was hat seine Exfreundin nur aus ihm gemacht?

An dieser Stelle erst einmal ein Dank. Ein Dank an all die Exfreundinnen, die überall auf der Welt Vorarbeit geleistet und viel Energie in Männer gesteckt haben, die dann doch nicht bei ihnen geblieben sind – nun aber der Frauenwelt als verbesserte Version zur Verfügung stehen.

Wie mein Kollege Thorsten. Er sah, als ich ihn kennenlernte, zwar auch nicht schlecht aus. Aber die Haare hätten ein wenig länger, die Brille etwas kleiner und nicht goldgerahmt sein können. Eines Nachmittags saßen wir in der Kantine, und seine Frisur gefiel mir ungewöhnlich gut. »War Marens Idee, die Haare etwas länger wachsen zu lassen«, sagte er. Maren, seine neue Freundin. »Und sie hat mir auch einen neuen Schaumfestiger mitgebracht. Den von Aldi fand sie nicht so toll.« Gut gemacht, Maren. Am Ende des Gesprächs druckste er rum und fragte: »Soll ich mir Kontaktlinsen besorgen? Maren meint, so würden meine Augen besser zur Geltung kommen.« Hut ab, Maren, das ist ja schon Männerverbesserung in Bestform. Und das alles innerhalb weniger Wochen. Respekt.

Bei einem anderen Bekannten beobachte ich seit Jahren, wie jede neue Partnerin ihn ein bisschen weiter zurechtstutzt und sein Brusthaar immer weniger aus seinem Hemd herausdrängt. Dafür wachsen ihm für die aktuelle Freundin nun nachts Tennisbälle auf dem Rücken. Habe ich gehört. Er versucht nämlich, sich für sie das Schnarchen abzugewöhnen. Nein, nicht indem er sich die Bälle in den Mund steckt. In die Rückseite des T-Shirts eingenäht, sollen sie ihn daran hindern, auf dem Rücken zu liegen, was die nächtliche Lärmbelästigung minimieren würde. Positions-training aus dem Schlaflabor.

Jede Frau hinterlässt bei ihrem Mann Spuren. Mit 30 hat er im Durchschnitt vier Beziehungen hinter sich. In dieser Zeit können einige Schönheitskorrekturen zusammenkommen. Doch leider sind nicht alle weiblichen Hinterlassenschaften äußerliche Partner-Polituren zu seinem Besten. Häufig machen Frauen im Mann auch etwas kaputt. Sie verpassen ihm Egokratzer, bohren Vertrauenslöcher rein oder zerbröseln seine Bindungsbereitschaft. Schäden, mit denen sich die Nachfolgerin herumschlagen muss.

Meist merkt diese anfangs nicht einmal, dass der Neue bereits die eine oder andere Macke abbekommen hat. Die Glückshormone, ausgeschüttet zu Beginn der Beziehung, lassen ihn zunächst wirken wie ein frisch geweißtes Haus, in das man problemlos mit all seinen Vorstellungen vom perfekten Glück einziehen kann. Aber dann kommt ir-gendwann der Schimmel an den Wänden durch. Erst wun-dert man sich über sie, dann ärgert sie einen: Die Über-empfindlichkeit, mit der er auf vermeintliche Kleinigkeiten reagiert.

Meiner Kollegin wurde zum Beispiel erst nach und nach klar, dass ihr Freund weniger ein Problem mit ihr als mit ihrem Job hatte. Nein, sie ist kein Callgirl oder verkauft Waffen in den Iran. Sie arbeitet einfach viel – und will Kar-riere machen. Kam sie deshalb später zu Verabredungen, brachte sich Arbeit mit nach Hause oder ging häufiger mit Kollegen noch etwas trinken, beschimpfte ihr Freund sie völlig haltlos als widerlich karrieregeil.

Nervig, auf Dauer unerträglich, und letztendlich über-legte sie sogar, sich deshalb zu trennen. Doch die Unter-haltung mit einer gemeinsamen Freundin erklärte einiges. Die Ex des Mannes war wegen eines neuen Jobs und ohne Rücksicht auf Verluste ziemlich überstürzt in eine andere Stadt gezogen. In Frankfurt waren die Chancen, die Karriereleiter hochzuklettern, einfach besser. Er blieb in Berlin zurück. Schon nach den ersten engagierten Treffen und vielen liebevoll getippten SMS war der Empfang am Bahnhof nicht mehr ganz so herzlich wie zu Beginn der Fernbeziehung. Sie wollte lieber länger arbeiten oder mit ihren neuen Kollegen ausgehen. Er kam irgendwie immer ungelegen. Und bereits zwei Monate nach ihrem Umzug brauchte er gar nicht mehr anzureisen. Sie war mit ihrem Abteilungsleiter liiert. Seitdem seien Karrierefrauen für ihn ein rotes Tuch, erklärte die Freundin. Verständlich, fand meine Kollegin und behielt detaillierte Beschreibungen Ihres Job-Engagements in Zukunft für sich. Ging sie mit Kollegen einen trinken, nannte sie diese ihm gegenüber einfach Freunde.

Es geht natürlich noch viel schlimmer. Ich kenne Geschichten, da bin ich beeindruckt, dass diese gebrannten Männer überhaupt wieder Beziehungen eingegangen sind. Ich fände es zumindest mehr als verständlich, wenn sie sich vor dem ersten Date mit der neuen Frau ein Schild umgehängt hätten: »Vorsicht, zerbrechlich«. Ein Freund bekam die volle Breitseite am Junggesellenabend. Er stand bereits in der Tür, als seine Verlobte ihn noch einmal zurück in die Wohnung bat. Er solle besser nicht zu der Feier gehen, sie habe seit ein paar Monaten eine Affäre. Wer dann später die Ringe, Anzug und Brautkleid zurückgegeben hat, weiß ich nicht. Die Absage der Hochzeitsfeier hat er uns – und all seinen Freunden und Verwandten – selbst mitgeteilt. Dass Eheschließungen für ihn nun ein heikles Thema sein dürften, ist anzunehmen.

Ein anderer Bekannter war mit seiner langjährigen

Freundin im Urlaub in Tunesien. Als er nach zwei Wochen wegen des Jobs zurück nach Deutschland musste, hatte sie noch Zeit – und nahm sie sich für den Tauchlehrer vor Ort. Denn der war alles, was der Freund leider nicht ist: jung, gut gebaut, Italiener. Natürlich sollte man als neue Frau dieses Mannes nicht als Erstes vorschlagen, doch auch mal getrennt in den Urlaub zu fahren. Man sollte auch nicht ohne ihn die Nächte durchmachen, so dass er sich nachts eifersüchtig in den Laken wälzt. Und auch Anspielungen auf seinen blassen Teint und die Rettungsringe wären nicht ratsam.

Es ist also gut, die Neurosen des anderen zu kennen, so dass man weiß, worauf er empfindlich reagiert, und wunde Punkte nicht erneut reizt. Nun sollte man nicht gleich eine Psychoanalyse mit dem geschädigten Mann veranstalten, aber ein Blick in seine Vergangenheit und die vorherigen Beziehungen kann so manches verständlicher machen. Möglicherweise hilft es auch bei der Lösung einiger Probleme.

Na dann mal los: Quetschen wir unsere Männer über ihr Beziehungsleben aus. Ja, das wäre schön. Doch bevor Sie nun schon die Flasche Rotwein bereit- und ihre Ohren aufstellen – dass ihr Freund da bereitwillig mitmacht, ist so wahrscheinlich wie die Gründung eines Satiremagazins in Afghanistan. Männer haben meist wenig Lust über ihre Exfreundinnen zu reden. Und wenn man mal ehrlich ist, tun sie auch gut daran.

Welche Möglichkeiten haben sie denn, elegant aus der Sache rauszukommen? Wenn der Mann so etwas sagt wie, »meine letzte Freundin war blöd, und aus folgendem Grund habe ich mich getrennt«, dann werden Sie ihn für einen Fiesling halten, der jemanden wegen einer lächerlichen Kleinigkeit verlässt. Und im Kopf spielen Sie bereits durch, wie er das Gleiche mit Ihnen macht. Alternativ würde er einen schlechten Frauengeschmack eingestehen oder zugeben, dass er keine bessere abbekommen hat. Berichtet er hingegen nur Gutes über seine Ex, werden Sie eifersüchtig, fragen sich und nerven ihn, warum er nicht einfach zu seiner geliebten Ehemaligen zurückgeht.

Hat diese sich von ihm getrennt, bekommen Sie womöglich Mitleid. Und kein Mann ist gern Opfer. Oder, noch schlimmer: Sie geben ihm das Gefühl, er könne sich freuen, dass Sie ihn überhaupt genommen haben. Auf andere Frauen scheint er ja die anziehende Wirkung eines behaarten Eiterpickels zu haben.

Wahrscheinlich wird er eine ausweichende Formulierung benutzen, wie »Wir haben uns gemeinsam überlegt, dass es einfach besser wäre, das Ganze zu beenden«. Dann können Sie davon ausgehen, dass er entweder lügt, um seine Ruhe zu haben, oder unter Realitätsverlust leidet. So oder so: Es ist ein ziemlicher Eiertanz. Der Sie nicht wirklich weiterbringt.

Sie brauchen für die Mission Beziehungsschäden also einen anderen Informanten. Eine gute Wahl könnte der beste Freund sein. Oder, wenn Sie ein gutes Verhältnis zu ihnen haben, sogar seine Eltern. Hobbypsychologinnen könnte es zudem Spaß bereiten, mit Letzteren zu klären, ob Macken des Mannes in der Kindheit begründet liegen. Möglicherweise hat seine Bindungsangst ja mit den feuchten Küssen seiner Großtante oder der favorisierten Sockenfarbe seiner Mutter zu tun.

Wenn Sie Pech haben, können Sie auch seine Verflossene direkt fragen, weil sie sich immer noch in seinem – und somit auch Ihrem – Leben herumtreibt. Denn nicht nur die Erblasten der Ex können einem die Beziehung schwermachen. Auch die Ex selbst. Eins vorweg: Ich bin keine

Freundin von abgelegten Frauen (und Männern), die nicht wissen, wann es Zeit ist, endgültig Abschied zu nehmen.

Und mit meiner Antipathie für Exfreundinnen bin ich nicht allein. Die Buchautorin Christine Eichel nannte diese Spezies, die durch den Trend zur Mehrfachbeziehung entstanden sei, nicht nur »Die Schwiegermutter des 21. Jahrhunderts«, sondern auch noch »Geisterfahrerin auf dem Highway der Herzen« und »versierte Gefühlsterroristin«. Was vorbei ist, ist vorbei – und das Präfix Ex bringt in meinen Augen selten etwas Gutes mit sich. Ex-Kanzler, die mit den Russen klüngeln, Ex-Mädchenband-Sängerinnen, die sich für den Playboy ausziehen, Ex-DSDS-Kandidatinnen, die Werbung für Drogeriemärkte machen, Ex-Big-Brother-Bewohner, die als Frauenbeauftragte kandidieren.

Auch Angelina Jolie wird sich wünschen, sie wäre Brad Pitts erste Freundin, hat sie es doch mit einer Ex aus der Hölle zu tun: Jennifer Aniston. Selbst Jahre nach der Trennung soll sie ihrem geschiedenen Mann immer noch Geschenke in sein Büro schicken. Mutmaßlich, um den Kontakt zu halten, falls die Beziehung mit Jolie auch sechs Kinder später noch scheitern sollte. Täglich sende sie ihm Motivationssprüche aus ihren Selbsthilfebüchern. Und manchmal bekommt die Ex-Mrs-Pitt dann eine SMS zurück, und zwar von der Noch-nicht-Mrs-Pitt, in der steht: »Halt dich zurück.«

Ich weiß zwar nicht, auf wessen Seite Sie sich im Aniston-Pitt-Trennungsjahr 2005 geschlagen haben. Auf die der Adoptionswütigen mit Geltungsdrang oder des tapferen Mädchens von nebenan mit Opferbonus? Aber selbst wenn Sie keins der T-Shirts mit Aufdruck »Team Aniston« oder »Team Jolie« trugen, werden Sie eine eindeutigere Position bezogen haben als die Person, die das Auge dieses Hurrikans ist: Brad Pitt. Der scheint sich an seinen Jolie-Kindern genauso zu freuen wie an den Geschenken der Ex – und meint, alles sei Friede und Freude, während sich die Frauen über Talkshows und Magazine gegenseitig wissen lassen, wie wenig sie die Existenz der anderen wertschätzen.

Und was lernen wir aus dieser stoischen Ignoranz des Brad Pitt? Wenn ein Mann für die Neue mit seiner Ex Schluss gemacht hat, wird er vor lauter Schuldgefühlen kein böses Wort über die Zurückgelassene verlieren. Was aber noch lange nicht heißt, dass Sie seine Gefühle teilen müssen.

Ebenfalls nicht auf männliche Unterstützung hoffen dürfen Sie, wenn Ihr Mann es einfach nett findet, die alte Flamme weiter um sich zu haben. In solchen Fällen sagt er dann gern Sachen wie: »Sie ist so ein toller Mensch.« »Sie kennt mich einfach in- und auswendig.« »Sie war da, als ich harte Zeiten durchgemacht habe.« Auch wenn das ja eigentlich nun die Attribute der aktuellen Frau sein sollten, sind manche Männer in dieser Hinsicht schwer zu bekehren. Entweder weil sie harmoniesüchtig sind oder aber den regelmäßigen Flirt mit der Ex brauchen, um sich als etwas ganz Besonderes zu fühlen. Andere wollen sich die Vorgängerin warmhalten, falls es mit der Neuen doch noch den Bach runtergeht. Die Motivation kann vielfältig sein und ist selten uneigennützig. Dabei sollte der einzige Grund für eine gepflegte Dreiecksbeziehung gemeinsame Kinder mit der Vorfrau sein. Ist kein Nachwuchs im Spiel, können Sie folgende Abwehrwaffen einsetzen:

1. Schaffen Sie alle Überbleibsel der Ex aus der Wohnung. Wohin damit? Am besten schicken Sie sie ihr per Post … Mit einem lieben Gruß von Ihnen.
2. Bleibt seine Ex nach der Trennung längere Zeit Single

und hat daher nichts Besseres zu tun, als zu jammern und zu klammern, dann besorgen Sie ihr schnellstmöglich Ablenkung. Lernen Sie die Nervensäge kennen, und verkuppeln Sie sie mit jemandem aus ihrem Freundeskreis.

3. Drängen Sie sich der Ex auf. Das klingt erst einmal kontraproduktiv, denn es könnte ihr ja zunächst gefallen, Zeit mit Ihrem Mann und Ihnen zu verbringen. Wenn Sie aber penetrant werden und ständig kuschelnd um ihn herumwuseln, wird sie das schnell von der Vorstellung entwöhnen, Ihre Nachfolgerin werden zu können.

4. Versuchen Sie immer als Erste am Telefon zu sein. Gehen Sie ruhig auch an sein Handy. Der Zweck heiligt die Mittel. Ist die Ex dran, melden Sie Ihren Freund grundsätzlich als gerade unpässlich. Auch wenn sie abends anruft, um sich grippal infiziert und pflegebedürftig zu melden. Suchen Sie ihr dann einfach die Nummer des zuständigen Notdienst-Arztes raus. Hat sie nachts eine Panne mit dem Auto, schicken Sie den ADAC. Schenken Sie Ihren Spielchen keine Beachtung, wird sie früher oder später die Lust daran verlieren.

5. Scheitert Punkt 4, ändern Sie erst einmal die Festnetznummer. Ruft die Ex auf seinem Handy an, gehen Sie ran und melden sich mit: »Harem xy (xy = Name des Mannes), Frau Nummer 1, was kann ich für Sie tun?«

Und denken Sie immer daran: Was Sie da tun, ist auch zum Besten der Ex. »Die Rolle der Restbeziehungspartnerin, die auf Brosamen wartet, ist wenig bekömmlich für das Selbstbewusstsein«, schreibt Paarpsychologe Wolfgang Schmidbauer in seiner wöchentlichen Liebeskolumne des Zeit-Magazins. Brosamen ist übrigens ein Wort, das man heute vor allem in Baden-Württemberg verwendet. Es bedeutet soviel wie »Zerriebenes« oder »Zerbröckeltes«. »Meist ist es besser, den Kontakt nach der Trennung auf das Notwendige zu reduzieren«, rät Schmidbauer. Ablösung gelänge nicht ohne ein Quäntchen Aggression, die Harmoniesüchtigen und vielleicht immer noch Hoffnungsvollen manchmal fehlt. Wenn er und seine Ex sich weigern, angriffslustiger vorzugehen, dann müssen Sie es halt tun. Wie gesagt, es ist letztendlich im Sinne aller Beteiligten.

Natürlich sollten Sie dabei immer den Umständen entsprechend handeln: Generell ist ja nichts dagegen einzuwenden, wenn er seine Ex zum Geburtstag anruft oder von ihr eine Karte zu Weihnachten bekommt. Das ist harmlos. Will er die Frau hingegen treffen, sieht das schon wieder anders aus.

Bei physischem Kontakt muss erst einmal unterschieden werden: Geht es um ein regelmäßiges oder um ein einmaliges Treffen? Letzteres ist prinzipiell o.k. Denn es könnte von Vorteil für Sie sein. Dann nämlich, wenn die Ex seit Jahren im Kopf des Partners herumgeistert. Und bei einer Jugendliebe beruht das Spuken meist mehr auf Nostalgie als auf Leidenschaft. Über die Jahre hat der Mann all die negativen Seiten seiner einstigen Freundin vergessen, die Pubertätspickel, ihr nerviges Kaugummischmatzen, die flachen Gespräche, alles weg. Er erinnert sich nur noch an diesen aufregenden, heißen Sommer Anfang der 90er, der mit Knutschen begann und mit dem ersten Mal endete. Er trauert einem Traumbild nach – das so lebensnah ist wie ein Musical von Andrew Lloyd Webber. Und nichts holt ihn schneller in die Realität zurück als ein Treffen mit dieser Frau – mit ihren ersten Fältchen, ein paar Kinderbildern im Portemonnaie – und wahrscheinlich einer komplett anderen Lebenseinstellung als er.

Vielleicht will Ihr Freund auch nur mal sehen, ob er damals keinen Schaden angerichtet hat. Man beendet eine

Beziehung ja selten mit guten Gefühlen. Oder er hat niedere Beweggründe, sich vom Wohlergehen einer Verflossenen zu überzeugen: Er will sich nur beweisen, dass es ihm nach der Trennung besser ergangen ist als ihr. Zum Ätschbätschen, wie ich es nenne. Beides ist halb so schlimm. Denn es basiert auf reiner Neugierde.

Von ständigen Treffen hingegen würde ich abraten. Denn, ohne Panik schüren zu wollen, eine platonische Freundschaft zwischen Männern und Frauen ist eh schon eine wackelige Angelegenheit. Und warum sollten zwei, die sich einmal anziehend genug fanden, um sich auszuziehen, und sich offenbar immer noch hervorragend verstehen, nicht mal wieder anfassen wollen. Sex mit der Ex scheint für viele sogar fast normal zu sein: So ergab eine GEWIS-Umfrage, dass jede vierte Frau trotz einer neuen Beziehung schon einmal Geschlechtsverkehr mit ihrem Verflossenen hatte. Das finden Sie schon viel? Ganze 94 Prozent der Männer fanden es vollkommen in Ordnung, mit ihrer Exfreundin zu flirten. Ob mit dem Endziel Bett, wurde nicht erwähnt … Man sollte also immer wachsam bleiben. Sie sind zwar die Gegenwart. Aber damit ehrlich gesagt auch einfacher zu haben. Die Ex hingegen ist eine reizvolle Mischung aus Nostalgie und Exotik.

Tatsächlich kenne ich gleich zwei Beispiele, bei denen die Frau aus der Vergangenheit der Frau der Gegenwart das Leben schwergemacht hat. Als ich mir ein Büro mit drei Graphikern teilte, gingen dort regelmäßig zwei Frauen ein und aus. Beide gutaussehend, gut gekleidet und gut bekannt mit einem der Männer: Die eine, seine Exfreundin, traf sich häufiger mittags mit ihm zum Essen. Die andere, seine Freundin, holte ihn manchmal abends ab. Beeindruckt von so viel Harmonie, fragte ich mich, wie die Ex wohl mit der Nachricht umgehen würde, dass der Mann, an dem sie augenscheinlich noch ein Interesse, welcher Art auch immer, hatte, nun Vater werden würde. Das hatte mir ein Kollege verraten. Ganz gut, nehme ich im Nachhinein an: Denn wie ich später erfuhr, erwartete nicht die Freundin, sondern die Exfreundin das Kind.

In einem anderen Fall war der neue Freund einer Kollegin weniger diskret: Als die beiden eines Abends im Restaurant saßen, bekam er einen Anruf und verabschiedete sich nach zwei, drei Sätzen am Telefon hektisch. Er müsse schnell weg, etwas sehr Dringendes. Bis zum nächsten Abend hörte sie nichts mehr von ihm. Also rief sie ihn an. Alles, was er zu sagen hatte, war: »Tut mir leid, wir haben die ganze Nacht gefickt.« Er meinte sich und seine Ex, die angerufen hatte. Mit einem anscheinend wirklich sehr dringenden Anliegen.

Nun steht selbstverständlich nicht jeder Mann bei seiner Ex auf Abruf. Da man aber nie sicher sein kann und keine Frau einen Typen verdient, der eigentlich eine andere will, sollten Sie auf folgende Warnsignale achten – und ihn gegebenenfalls vor die endgültige Wahl »sie oder ich« stellen, wenn ...

1. ... er zur Ex rennt, sobald es in Ihrer Beziehung Stress gibt.
2. ... er Klamotten mit der Begründung kauft, dass sie seiner Ex immer so gut an ihm gefallen hätten.
3. ... er Ihnen Klamotten mit der Begründung schenkt, dass sie ihm an seiner Ex immer so gut gefallen hätten.
4. ... er immer noch ein Foto von ihr hat. Schauen Sie mal in seiner Brieftasche nach.
5. ... er regelmäßig SMS an sie schickt. Checken Sie den Ausgang-Speicher seines Handys. Die meisten Männer sind inzwischen schlau genug, den Eingang zu löschen.

6. ... Sie in seinem Handyadressbuch den Eintrag »Maus zu Hause« finden – sich dahinter aber nicht Ihre Nummer, sondern die der Vorgängerin verbirgt. Klingt zu absurd? War aber der Fall bei einer Frau, die ihre Probleme mit der Ex als Leserfrage an eine Frauenzeitschrift schickte.

Von den Warnhinweisen trifft keiner zu? Sie können den beiden auch sonst nichts vorwerfen? Trotzdem macht Sie die Ex nervös? Dann müssen Sie etwas gegen Ihre Eifersucht und gegebenenfalls ein paar Komplexe unternehmen, die Ihnen diese Frau bereitet. Die beste Therapie: Lernen Sie sie kennen. Eine Person, die nur in Erzählungen existiert, ist unangreifbar. Machen Sie also aus dem harmonischen Duo einen flotten Dreier – ganz platonisch, versteht sich. Wenn Sie dann sehen, die kann Ihnen eh nicht das Wasser reichen, gut. Aber was, wenn Sie hübsch, intelligent, lustig ist – und Sie sich danach fragen: Was hab ich, was sie nicht hat? Dann lassen Sie sich diese Frage von ihm genau beantworten. Wenn er Sie wirklich liebt, wird ihm etwas Überzeugendes einfallen. Auf gar keinen Fall dürfen Sie anfangen, aus Verzweiflung über seine Ex zu lästern. Er wird sie verteidigen, und Sie wirken verdammt unsouverän, ergo: unattraktiv.

Weigert er sich, Sie zu einem Treffen mitzunehmen, können Sie immerhin noch Suchmaschinen-Spionage betreiben: Sie wissen schon – facebooken, myspacen, googeln. Dass man seinen eigenen Exfreund im Netz digital überwacht, ist ja inzwischen gang und gäbe. Meine Jugendliebe zum Beispiel, die mit Frau und Kind inzwischen in einem kleinen Ort in Süddeutschland lebt, hat auf Facebook gerade ihren Beziehungsstatus von »Verheiratet« in »Es ist kompliziert« geändert. Interessant. Aber natürlich können Sie sich so auch mal seine ehemaligen Beziehungen anschauen. Doch passen Sie auf, dass Sie dabei nicht in einen ungesunden Recherchewahn verfallen. Eine Sache ist Neugierde, die andere Obsession. Und ganz wichtig: Heimlich erworbenes Wissen muss heimlich bleiben. Sonst hält Sie Ihr Freund schneller für eine Psychopatin als Sie Hannibal Lecter sagen können.

FÜR FORTGESCHRITTENE

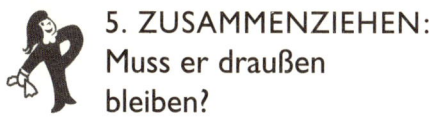

5. ZUSAMMENZIEHEN:
Muss er draußen bleiben?

Irgendwann zweifelt jeder Autor einmal an der Relevanz des Themas, über das er gerade schreibt. Und so fragte ich mich bei diesem Kapitel: Ist es vielleicht zu mariobarthig, sich darüber Gedanken zu machen, dass Frauen ein Problem mit ihren Männern haben, weil diese nicht wissen, wo sie mit ihren getragenen Unterhosen hin sollen? Und wie viele Frauen leiden wohl tatsächlich darunter, dass ihr Partner nie die Klopapierrolle wechselt und nach dem Rasieren die Bartstoppel so penetrant liegen lässt, als würde er damit sein Revier markieren wollen?

Vielleicht, so überlegte ich, leben ja, mit Ausnahme von ein paar Nörglerinnen, die meine Freundinnen sind, die meisten Frauen glücklich und zufrieden, Seite an Seite, partnerschaftlich an einem Strang ziehend mit ihren Männern zusammen.

Während mir diese Sinnkrise noch zu schaffen machte, stolperte ich in einem Geschenkartikelladen über eine Box. Auf ihr stand: »Der kleine Männer-Erzieher«. Das klang doch sehr nach etwas, das ich für mein Buch gebrauchen könnte. Der Untertitel lautete: »Memo statt meckern.« Zu sehen war ein Mann mit Heiligenschein und einer Mülltüte in der Hand. Es wurde immer besser. Also nahm ich die Schachtel mit und schaute sie mir zu Hause genauer an.

In der Box waren Post-its in verschiedenen Signalfarben. Darauf stand zum Beispiel: »Willst du mit mir gehen?«, daneben die Zeichnung einer lasziv dreinschauenden Mülltonne. Oder schlechtgelaunte Socken, die sagen: »Ich bin stinkig«. Ein lüsterner Topf, der fordert: »Mach mich heiß«. Traurige Pflanzen, die sich wünschen: »Kümmer dich um mich«. Sie verstehen das Prinzip.

Die beiliegende Anleitung prophezeite, dass diese Klebezettel – platziert an den Problemzonen in der Wohnung – Haushaltsverweigerer in fleißige Hausmänner verwandeln können. Ein Wunsch, den offenbar mehr Frauen hegen, als ich dachte. Ich war beruhigt und noch motivierter, für die Gleichung »Zwei Menschen + ein Zuhause = viel Platz für Ärger« eine Lösung zu finden.

Zunächst einmal wollte ich dafür den kleinen Männer-Erzieher ausprobieren. Nicht selbst, ich gab ihn einer Kollegin, die die Zettelwirtschaft meiner Meinung nach nötiger hat als ich. Seit Jahren kämpft sie mit einem schwererziehbaren Mann. Viel Hoffnung setzte ich allerdings nicht in die Aktion: Wie soll einem Typen, der nicht sieht, dass außer einem Stück Butter rein gar nichts in den Fächern des Kühlschranks liegt, und nicht erkennt, dass die Badezimmermatte bereits zur Heimat von Millionen Mikroorganismen geworden ist, ein kleiner gelber Zettel ins Auge stechen? Dachte ich. Aber tatsächlich, der Test-Mann reagierte auf die optischen Reize. Zwar zunächst nicht, wie gewünscht, aber immerhin kam ein aufgebrachtes »Was soll denn der Zettel hier?« aus dem Bad. Und: »Da ist ja noch einer!« Man muss sich vorstellen, dass er dabei auf der Toilette saß, links von ihm die Klobürste mit dem Post-it »Benutz mich!« und rechts von ihm die Waschmaschine, auf der »Mach mich an!« stand.

Meine Kollegin führte nach seinem Badbesuch sofort die von mir instruierte Direktbefragung durch. Wie hatte das Szenario auf ihn gewirkt? Zunächst einmal sei er irritiert gewesen, sagte er. Dann habe er das Ganze für ein blödes Spiel gehalten. Letztendlich schienen ihn die kleinen

Warnhinweise aber doch dazu angeregt zu haben, nachzudenken. Denn er fragte tatsächlich: »Benutze ich diesen
Kloschrubber nicht genug?« Und: »Ist denn der Wäsche-
korb schon wieder voll?«

Das Fazit meiner Freundin war also überraschend positiv.
Diese albernen Zettel hatten ihm anscheinend weit mehr zu
denken gegeben als ihre alltäglichen Nörgelanfälle. Denn
tatsächlich hat sie seither das Gefühl, eine weit sauberere
Toilette und häufiger frische Wäsche vorzufinden.

Warum das? »Männer gehorchen eben nicht gern«, erklärte mir mein Freund Peter, den ich wegen der bei Männern so seltenen Gabe bewundere, sich selbst analysieren
zu können. »Aber sie erledigen gern ganz pragmatisch
Dinge, die gemacht werden müssen«, sagte er. Die Zettel
lenkten seiner Meinung nach die Aufmerksamkeit auf eine
Aufgabe – und geben ihm sogar noch in gewissem Maße
das Gefühl, es wäre seine Idee gewesen, hier mal Hand an-
zulegen. Reden hingegen sei Zeitverschwendung, weil die
Worte der Frau so wirkungsvoll verhallen wie ein »Nein«
zu Kindern, deren Hände im Supermarkt bereits ins Süßig-
keitenregal greifen.

Jetzt mag man kritisieren: So ein Zettel ist ja nicht gerade
subtil. Stimmt. Aber er ist immer noch diskreter, als durch
die Klotür zu brüllen: »Denk, wenn du fertig bist, verdammt noch mal daran, die Bürste zu benutzen!« Und besser für Sie, als peinlich berührt und angewidert hinter ihm
herzuschrubben. Vom Romantikfaktor ganz zu schweigen.
Also: Lassen Sie lieber Zettel für sich nerven.

Experten bezeichnen solche Überraschungsangriffe als
Musterunterbrechungen. Denn natürlich haben sich auch
die Damen und Herren aus der Psychotherapie schon viele
Gedanken darüber gemacht, wie man jemanden – mögli-

cherweise einen störrischen Mann – aus seinem Trott reißen kann. Ein Beispiel zum Nachmachen aus einem Fach-
buch: Es geht um einen Mann mit der Gewohnheit, seine
Sachen überall in der Wohnung zu verstreuen, sobald er
durch die Haustür tritt. Seinen Mantel schmeißt er auf die
Kommode, sein Jackett über eine Stuhllehne, die Schuhe
irgendwo in den Flur. Irgendwann war es seine Frau leid,
ständig hinter ihm herzuräumen. Also riet ein Therapeut
ihr: Legen Sie auf jeden herumliegenden Gegenstand ein
kleines Täfelchen Schokolade. Es dauerte eine ganze Zeit,
bis der Mann den Gruß aus der Süßwarenabteilung be-
merkte, dann lachte er darüber, und warum auch immer:
Die Frau berichtete später, er habe sich in der Folge gebes-
sert.

Mit Blick auf das Kapitel »Folgenschwer« über zu dicke
Männer, würde ich nun nicht gerade Schokolade als Über-
raschungsmoment wählen. Aufgebrachte Menschen entscheiden sich statt eines netten Wäschehupferls auf den
herumfliegenden Klamotten vielleicht eh lieber für kleine
Totenkopfschilder oder zumindest leer gefutterte Pralinen-
schachteln als Verzierung. Aber gehen würde wahrscheinlich alles.

Musterunterbrechungen jeglicher Art sind eine feine Sache. Und sie funktionieren angeblich auch bei unbelehr-
baren Kindern und Bankräubern. So führte eine Mutter auf
Anraten ihres Therapeuten beim wiederholten Wutanfall
des Sohnes einen Indianertanz auf, und der Vater reichte
ihm einen Keks. Beides brachte den kleinen Zornklum-
pen so aus dem Konzept, dass er mit seiner eingefahrenen
Schreischiene nicht weitermachen konnte. Verantwortliche
verschiedener Geldinstitute rieten in internen Rundschrei-
ben den Angestellten, bei einem Banküberfall doch einfach

mal zu singen oder zu pfeifen. Wovon ich bei vorgehaltener Pistole allerdings absehen würde. Schokoladentäfelchen hingegen sind einen Versuch wert, Sie haben dabei ja nichts zu verlieren, zumindest nicht Ihr Leben.

Solche Musterunterbrechungen schlagen bei Männern allerdings nur an, wenn ihr mangelnder Haushaltseinsatz aus Unkonzentriertheit oder unzureichender Aufmerksamkeit und nicht aus respektloser Faulheit resultiert. Ist Letzteres der Fall, muss man aufpassen, dass der Mann einen nicht an der Nase herumführt. Vielleicht gehört er dann nämlich zu einer der beiden folgenden Gruppen von Männern, die mit größter Vorsicht und möglichst wenig Nachsicht behandeln werden sollten.

Männergruppe 1: Die Dummsteller. Ich verrate Ihnen jetzt ein Geheimnis, dass Sie in den Grundfesten Ihrer Beziehung erschüttern könnte: Viele Männer versagen absichtlich bei der ihnen gestellten Hausarbeit, damit die Frauen sie davon freisprechen. Woher ich das weiß? Dazu muss ich eine Geschichte aus meinem Bekanntenkreis erzählen. Letztes Jahr besuchte ich meine Freundin Maren in München. Wir wollten ins Kino gehen und waren spät dran. Doch sie meinte, noch schnell die Wäsche sortieren und in die Maschine stecken zu müssen. Also sagte ich: »Kann das nicht Volker machen?« Ihr Mann lag gerade im Wohnzimmer auf der Couch und schaute Fernsehen. Daraufhin zog sie mich zur Seite und flüsterte: »Nein, der hat mir mal die ganze Handwäsche versaut, indem er sie bei 60 Grad gewaschen hat.« Und weil sie ihre Kleidung liebe, übernehme sie seither das Waschen. Dazu muss man wissen, dass Volker Chirurg ist. Und es ist doch anzunehmen, dass ein Mann, der Operationen am offenen Herzen macht, einen einfachen Waschzettel lesen kann, oder? Meiner

Meinung nach ein klarer Fall von berechnender Dummstellerei.

Das hat noch nicht überzeugt? Dann erzähle ich Ihnen auch noch von dem Typen, den ich kürzlich im Radio hörte, als ich mich gerade im Bad fertigmachte. Es war so ein aufgedrehter Anrufer in einer dieser aufgedrehten Morgensendungen. Nachdem er einen Moment mit dem Moderator über Aufgaben im Haushalt – das Thema des Tages – geplaudert hatte, erklärte jener Typ doch tatsächlich, dass er schon einmal die Lieblingsbluse seiner Freundin beim Bügeln absichtlich ansengen ließ: »So muss ich mich nun nie wieder darum kümmern. Ich hasse Bügeln.« Mir wäre fast die Zahnbürste ins Klo gefallen bei so viel Offenheit. Und auch der Moderator schien hörbar schockiert und beendete das Gespräch abrupt mit den Worten: »So was darfst du doch nicht einfach so im Radio sagen.« Ich sah meine Theorie danach endgültig bestätigt.

Stellt sich der Freund also auffallend blöd an, sollte man skeptisch werden. Erinnern Sie sich: Als Sie Ihren Mann kennengelernt haben, hat er ja wahrscheinlich auch nicht mehr bei seiner Mutter gelebt – und trotzdem trug er keine Hemden im Origami-Look, warf seine Wäsche nicht in Klumpen über die Leine und seine Wohnung war nicht zugespinnwebt, oder?

Was macht man mit einem Mann, der unter Haushalts-Amnesie leidet? Ein Tipp: Finden Sie Aufgaben, die er gut beherrscht, vielleicht sogar besser als Sie, und mit einem Hauch von Begeisterung erledigen könnte. Also kommen Sie nicht auf die Idee, ihm das Staubwischen auf den Küchenschränken abzuverlangen. Er wird es für so unsinnig und unmännlich halten wie Augenbrauenzupfen und Beine rasieren. Besser: Teilen Sie ihn für die Betreuung von technischen Geräten und die Versorgung des Haushalts mit Glühbirnen ein. Beauftragen Sie ihn zum Beispiel damit, dafür zu sorgen, dass für die Espressomaschine immer genügend Kaffeebohnen im Haus sind, dass der Wassertank stets voll und das Gerät stets einsatzbereit ist. Oder er ist ab sofort der Kühlschrank-Verantwortliche, Betreuung und Aufstockung des Inhalts inklusive. Am besten halten Sie die Arbeitsteilung schriftlich fest. Wenn Sie jetzt sagen, ach, so eine Art Putzliste, wir sind doch keine Wohn-, sondern eine Liebesgemeinschaft, dann begehen Sie einen großen Romantikfehler, der sie noch schneller zu einer Ex-WG machen wird, als Sie ein Staubtuch ausschütteln können.

Im Gegenzug zu den Versager-Ausreden des Dummstellers kann man zudem bei Aufgaben, auf die man selbst überhaupt keine Lust hat, taktische Inkompetenz heucheln. Das funktioniert zum Beispiel hervorragend beim Einräumen der Spülmaschine. Ihr »Schaatz, ich bekomme da nichts mehr rein«, wird garantiert ein »Ach, lass mich da mal ran« zur Folge haben. Ich zumindest habe schon sehr, sehr lange den Geschirrspüler nicht mehr eingeräumt. Bin einfach zu ungeschickt. Ernennen Sie Ihren Mann zum Meister an der Spülmaschine. Keiner hat die Teller und Tassen besser im Griff als er. Das Schwache-Geschlecht-Spiel eignet sich beim Einkaufstütenschleppen oder Abflussrohrreinigen. Sie sollten dabei ruhig erst so tun, als würden Sie es allein versuchen. Frauen in Not zu helfen ist das, was Männer im Haushalt am liebsten tun.

Männergruppe 2: Die Antäuscher. Er hat sich auf das von Axel Hacke geprägte »Partnerschaftspassiv« spezialisiert. Regelmäßig formuliert er Sätze wie: »Jemand muss den Müll runterbringen« oder »Die Blumen sollten auch mal wieder gegossen werden«. Um dann abzuwarten. Wohlwissend, dass die Frau, einmal auf das Problem aufmerksam gemacht, nicht anders kann, als zu reagieren. Sie gibt nach, weil der Mülleimer irgendwann mehr fallen lässt, als er aufnimmt, und sie den Anblick der nach Wasser bettelnden Blumen nicht mehr ertragen kann. Umgekehrt übrigens funktioniert dieses Partnerschaftspassiv bei Antäuschern in der Regel leider nicht. Sie sind zu schmerzfrei, wenn es um Haushaltsfragen geht. Wieso die Handtücher wechseln? Der Braunstich passt doch farblich hervorragend zu den Schimmelfugen in der Dusche. In vielen Dingen ist es einfach schwierig, den Mann an Ignoranz zu überbieten.

Meine Freundin Barbette hat ein solch weiches Herz und schlägt sich seit Jahren mit einem Antäuscher herum. Was sie zum einen natürlich sehr sympathisch macht. Zum anderen aber auch sehr ausnutzbar. Dass sie zum Beispiel auf die Ansage »Wir brauchen mal wieder neue Zahnpasta« reagiert, kann ich ihr als Frau und Autorin eines Männerverbesserungsbuches natürlich nicht durchgehen lassen. Denn Zahnpasta gehört, wie unter anderem viele Lebensmittel, zu den Wie-du-mir-so-ich-dir-Produkten, deren Mangel man aussitzen kann – und sollte. Über kurz oder lang wird er für Nachschub sorgen. Damit man selbst karies- und parodontosefrei bleibt, lagert man seine Ersatzzahnpasta einfach in der Handtasche. Das gleiche Prinzip gilt für Toilettenpapier. Räumen Sie aber vorsichtshalber ihre Wattepads oder anderes saugstarkes Material aus der Reichweite der Kloschüssel.

Um ihn noch mehr unter Zugzwang zu setzen, kann man ihn auch bei der Arbeit anrufen. Er solle doch bitte dringend ein paar Rollen Klopapier aus dem Büro schmuggeln. Leider seien Sie außerstande, heute noch neues zu besorgen. Hier lohnt sich das Vortäuschen einer Migräne wirklich mal. Spätestens wenn ein Kollege oder sogar der Chef ihn dabei erwischt, wie er zwei, drei Papierrollen in seine Aktentasche stopft, wird er daraus gelernt haben. Die kooperativere Variante: Sie bestellen ein Toilettenpapier-Abo, zum Beispiel über www.klo-abo.de. Das scheint vielleicht übertrieben, erspart Ihnen aber schmutzige Hände und böse Gedanken.

Allerletztes und leider auch nervenaufreibendes Mittel, um ihn zu einem besseren Hausmann zu machen, ist der Komplettstreik. Denn erst, wenn das letzte Hemd schmutzig, die letzte Zimmerpflanze vertrocknet und der letzte Teller dreckig in der Spüle steht, wird der Mann feststellen, dass er sich nicht alles erlauben kann.

Der Chaot in der gemeinsamen Wohnung ist generell schwer zu verbessern. In seinem Falle lohnt es sich sogar, darüber nachzudenken, ob man sich dem Ärger mit ihm entziehen sollte, indem man versucht, die eigene Einstellung zu ändern. Das ist nicht ganz einfach, wird aber bisweilen von Paartherapeuten empfohlen. Sagen Sie sich als Frau eines unordentlichen Mannes Folgendes: »Er ist ein Chaot. Der Chaot hat kein Problem mit Unordnung. Es ist meines. Warum sollte er also aufräumen?« Fordern Sie dafür besser etwas anderes ein. Etwas, das Sie nicht gern tun, er aber schon. Zum Beispiel sich um den Rechnungskram kümmern. Dafür räumen Sie auf. Und wenn alles gut läuft, sind die dreckigen Teller und herumliegenden Klamotten für Sie ab sofort Teil einer Abmachung und kein Grund mehr, schimpfend durch die Wohnung zu stapfen.

Manchmal ist es aber auch einfacher, etwas in der Wohnung zu verändern als ihn oder sich selbst. So kann man zum Beispiel bei einem Mann, der seine Klamotten über alle Zimmer verstreut wie Hunde ihre Haufen auf Berlins Bürgersteigen, einen Platz zur offiziellen Sammelstelle erklären. Bei uns ist dieser Ort die Waschmaschine. Sie steht in seinem Bad, in das ich so selten einen Blick werfe wie in das Programm von n-tv. Derzeit liegen dort: eine Unterhose, drei Socken (!?), eine Jeans, eine Cargohose, zwei T-Shirts und was er nachts so trägt. Tür zu und gut ist.

Auch die Spülmaschine ist ein hervorragender Entstressungsfaktor. Und auf jeden Fall sollte man, noch bevor der gemeinsame Mietvertrag unterschrieben ist, eine Putzfrau organisieren. Sie kann Ihre Beziehung retten. Sagen wir mal, jeder zahlt 15 Euro die Woche, dann haben Sie nicht nur eine saubere Wohnung, sondern auch einen geraden Haussegen. Und überlegen Sie mal, 15 Euro, das hat man schnell wieder raus, weil man nicht ständig wertvolle Dinge an seinen Kopf schmeißt.

Sind Sie mit der so verbesserten Version Putz- und Ordnungssituation immer noch unzufrieden, sollten Sie die Möglichkeit ins Auge fassen, dass nicht der Mann, sondern Sie das Problem sind. Erkennen Sie sich in einem der folgenden Punkte wieder, ist Ihr Freund normal, und Sie haben einfach einen Ordnungs- und Putzfimmel.

1. Sie jagen häufiger den Staubmäusen in Ihrer Wohnung hinterher als Ihre Katze.
2. Sie stehen nachts mehrfach auf, um den Moment nicht zu verpassen, an dem die Wäsche trocken ist – und Sie sie endlich von der Leine nehmen können.
3. Sie essen Ihr Dessert in der Regel mit Gummihandschuhen, damit Sie startklar für den Abwasch sind.
4. Ihre Füße sind Ihnen fremd geworden, weil Sie ständig auf den Knien herumrutschen.
5. Sie weigern sich auch drei Jahre nach dem Kauf Ihrer neuen Couch, die Folie abzunehmen.

6. Statt »My home is my castle« haben Sie »fleckenfrei, keimfrei, faltenfrei« als Lebensmotto auf ein Kissen gestickt.

7. Ihre Gäste wundern sich, warum die Haustür jedes Mal so seltsam ruckelt, sobald sie Ihre Wohnung verlassen haben. Dass Sie nach jeder Berührung die Klinken putzen, ist nicht normal!

So, genug mit all den Putz-Problemen und Aufräum-Alpträumen, mit denen man sich als WG-Paar herumschlagen muss. Gehen wir einen Schritt zurück. Zu dem Moment, an dem das Zusammenziehen noch ein Plan ist, ganz unbefleckt von den Alltagsmarotten des anderen, ein weißes Stück Papier, auf das man seine Träume von harmonischer Gemeinsamkeit malt – um dann festzustellen, dass die Wirklichkeit eher einer zerknüllten Serviette nach einem 6-Gänge-Menü ähnelt.

Also: Sollten Sie sich noch in Ihrer Single-Wohnung befinden und bislang nur Pläne hegen, mit Ihrem Freund zusammenzuziehen, dann gehen Sie nicht naiv-romantisch wie ein Rosamunde-Pilcher-Roman an die Sache, sondern berechnend-realistisch – wie es die Lage erfordert. Schaffen Sie zunächst einmal die besten Voraussetzungen für den Zusammenzug. Noch halten Sie alle Fäden in der Hand und sollten diese geschickt und ganz in Ihrem Sinne ziehen.

Zunächst einmal wäre es natürlich schön, der Mann wäre möglichst euphorisch auf das Projekt Zwei-Menschen-eine-Türklingel eingestimmt. Das sichert Ihnen bei Diskussionen, auf die ich später näher eingehe, eine bessere Ausgangsposition. Der Gedanke, mit Ihnen zusammenzuziehen, sollte bei Ihrem Freund wahre Begeisterungsstürme auslösen. Doch machen wir uns nichts vor: Auch wenn der Grund für eine gemeinsame Wohnung pure Liebe und ein dringendes Wir-Gefühl sein sollte – nicht nur Psychologen haben längst erkannt, dass ein Zusammenzug selten romantisch motiviert ist.

Vor allem Männer befürchten häufig, dass in die geteilten vier Wände die Leidenschaft automatisch aus- und die Langeweile einzieht. Einsame Wölfe haben Angst davor, zu Haushütehunden zu werden und glauben, dass die Freundin beim Benutzen der Zahnseide und Auflegen von Gesichtsmasken an Charme verlieren könnte. Dabei ist es doch unbestritten: Zusammenziehen hat seine praktischen Vorteile. Diese müssen dem Mann nur mantraartig immer und immer wieder vorgebetet werden.

1. Spontaneität: Man muss sich nicht mehr überlegen, was man am nächsten Tag anziehen will. Das Leben wird impulsiver und das Wetter gleichgültiger: Nie mehr mit den Wildlederschuhen im Regen zur Arbeit stapfen. Nie wieder bei Sonne im zu dicken Pullover schwitzen.

2. Sparprogramm: Wer sich eine Wohnung teilt, hat insgesamt mehr Platz und zahlt in der Regel weniger Miete dafür.

3. Mangelerscheinungen: Nie wieder um zehn Uhr Noteinkäufe bei H&M, damit die Kollegen nicht darüber lästern: »Na, die gleichen Klamotten wie gestern an ...« Nie wieder ein totes Mobiltelefon, weil sich das Ladegerät in der falschen Wohnung befindet. Und nie wieder Ihr Gejammer, weil die Wimperntusche im falschen Bad liegt und Sie sich nun den ganzen Tag hässlich wie ein Albino fühlen.

4. Parkplatznot: Eine Freundin gab als Grund fürs Zusammenziehen mit ihrem Freund das endlose Gekurve durch

Hamburg-Eppendorf an. Eines Tages suchte sie so lange erfolglos, dass sie abdrehte und zurück nach Wandsbek fuhr. Von dort aus rief sie ihren Freund an und forderte: »Wenn wir uns das nächste Mal sehen, müssen wir Pläne für eine gemeinsame Wohnung machen.« Er hat sofort ja gesagt.

Sie sind bereit. Beide. Jetzt soll es losgehen. Das Alltagsleben zu zweit. Bevor Sie sich auf die Suche nach der richtigen Bleibe machen, schreiben Sie sich eine Checkliste. Und versuchen Sie, eine Wohnung zu finden, die möglichst viele der folgenden Voraussetzungen erfüllt.

1. Grundsätzlich gilt: Je mehr Zimmer, umso besser.
Lofts sind hübsch, aber ein offenes Schlachtfeld, wenn es ums Zusammenleben geht. Wie soll eine Beziehung mit anständiger Streitkultur funktionieren, wenn man nicht einmal ordentlich die Türen hinter sich zuknallen kann?

Wenn Sie nun mit romantisch-entrücktem Blick an dieses eine Paar denken, das Ihnen vorgeschwärmt hat, wie verliebt und glücklich sie zusammen in ihrer 1-Zimmer-Wohnung lebten, dann kann ich Ihnen versichern: Die beiden müssen frisch verliebt und somit auf Droge gewesen sein. Wissenschaftler haben sich die Hirnaktivitäten von frisch Verliebten angeschaut, während diese sich Bilder von ihren Partner ansahen, und festgestellt: Ihre Köpfe befinden sich in einem Zustand, als hätten sie gerade ein Tütchen Kokain geschnupft. Die Liebe schaltet zu Beginn einer Beziehung ganze Hirnregionen ab – unter anderem die, die verantwortlich für Aggressionen ist. Da können auch der höchste Abwaschstapel, der größte Schmutzwäscheberg und die engste Nähe der durchweg positiven Stimmung nichts anhaben. Aber sobald ein Paar länger zusammen ist, braucht es Auslauf und gelegentlich Abstand voneinander. »Liebe braucht Platz«, lautet daher ein vielzitierter Satz von Psychologen zu diesem Thema.

2. Zwei Bäder. Oder zumindest Bad und Klo getrennt. So haben sie nicht nur stressfreie Morgen, Sie sehen sich auch nicht gegenseitig beim Fußnägelschneiden zu. Aber das Allerwichtigste: Sie müssen sich nicht mit unerwünschten Gerüchen und Flecken, die er im Bad hinterlässt, auseinandersetzen.

Denn sicherlich wollen Sie gar nicht erst damit anfangen, dem Mann, den Sie nicht nur lieben, sondern hoffentlich auch ehren, das Sitzpinkeln beizubringen. Töpfchentraining ist etwas für Zweijährige. Und Sie sind schließlich nicht seine Mutter. Wenn das Stehpinkeln für ihn ein Zeichen seiner Männlichkeit ist, versuchen Sie, es zu akzeptieren. Wenn man das auf gar keinen Fall kann, bleibt einem nur, ein Urinal zu kaufen. Es kostet etwa 200 Euro, es einbauen zu lassen 100 Euro.

Sollten Ihnen keine zwei Toiletten vergönnt sein, achten Sie darauf, dass das Bad unbedingt ein Fenster oder zumindest einen Abzug hat. Nicht jeder Mann ist so charmant und geht, um sein großes Geschäft zu erledigen, rüber ins Café. Klingt auch absurd. Aber meine ehemalige Mitbewohnerin Silke hatte dieses Glück. Und da wir damals noch zusammenwohnten, war auch ich von dieser rücksichtsvollen Angewohnheit begeistert. Das ist aber nur für wenige Männer zumutbar. Die letzte Rettung: Eine Schachtel Streichhölzer parat legen.

3. Ein Extraraum für ihn. Egal wie groß die Wohnung ist, sorgen Sie dafür, dass er sein eigenes Zimmer bekommt, eine Art Unterschlupf für seine Interessen, seinen Technikkram, seine Unordnung. Klingt nach Platzverschwendung?

Vertrauen Sie mir: Männer, mit denen man zusammen-
wohnt, sind wie eine empfindliche Tierart. Sie brauchen
Nischen, um zu überleben. Sie ihnen zu schaffen, hat sich
schon bei vielen Paaren bewährt.

Besucht man diese Paare in ihrer Wohnung ist SEIN
Raum meist schnell ausfindig zu machen. Er liegt hinter
einer Tür, die den ganzen Abend verschlossen bleibt – und
selbst auf Nachfrage nicht geöffnet wird. Wagt man trotzdem einen Blick hinein, dann könnte man meinen, das Paar
würde hier einen jugendlichen Untermieter hausen lassen.
Regale voll mit Platten von den Beatsteaks und Metallica,
eine Playstation, Comichefte, die sich neben den Spie-
gelausgaben von 2000 bis 2009 stapeln, offene Chipstüten,
die herumfliegen. Und die Möbel sehen nicht nur retro aus,
sondern sind tatsächlich noch aus seiner Studentenbude.

Was uns zu einem der größten Probleme beim Zusammenziehen führt: Die gemeinsame Einrichtung. Am Anfang
steht der Kompromiss. Sie haben Ihre Möbel, er hat seine.
Und so muss man nun abwägen, welches Sofa schöner und
welches Bett breiter ist. Wessen Fernseher hat die bessere Bildqualität und wessen Waschmaschine die längere
Garantielaufzeit. Klingt alles verhandelbar. Wäre da nicht
die Sache mit den persönlichen Erinnerungen, die an den
meisten Dingen kleben wie Lollis an Kinderhaaren.

Denn plötzlich kämpft er um die Couch, deren amorph-
bunter Bezug jenen graffitifreundlichen Look trägt, den
man aus Bus und U-Bahn kennt, wie um das Recht, im Stehen pinkeln zu dürfen. So etwas objektiv Unansehnliches
kann man aber als Frau mit einem Fünkchen Stilempfinden
einfach nicht in seiner Nähe ertragen. Auch dann nicht,
wenn es ein Geschenk seiner Mutter zum achtzehnten Geburtstag war. Und die Lautsprecherboxen, die von ihm

höchstpersönlich mit weißem Fell bezogen wurden, spiegeln definitiv nicht Ihr persönliches Wohngefühl wider. Dazu kommen meist noch unzählige Kindheits-Relikte, von denen sich Männer partout nicht trennen können, wie zum Beispiel die abgewetzte FC-Bayern-Bettwäsche. Also wohin damit? Ein kleines Zimmer reicht für diesen ganzen Kram meist gar nicht aus.

Eine Kollegin, deren Mann sich vehement dagegen wehrte, seinen hässlichen Tisch zu entsorgen, bot ihm an, das Holzungetüm erst mal im Keller zu lagern, bis sie einen passenden Platz dafür gefunden hätten – nämlich den Sperrmüll. Nach ein paar Monaten entsorgte sie den Tisch. Ihr Mann fragte nie wieder danach. Wahrscheinlich hat er ihn einfach vergessen. Auf diese Strategie würde ich allerdings keine Garantie geben.

Erfolgversprechender – und fairer – ist es da, vor dem Umzug eine Vetoregel einzuführen. Bestimmen Sie die Einrichtungsgegenstände, die bei Ihnen zu Atemnot und Brechreiz führen und deshalb unbedingt entsorgt werden müssen. Versprechen Sie aber, nicht nur zu nehmen, sondern auch zu geben. Für alles, was man vom anderen entsorgt, fliegt auch ein eigenes Möbelstück. Sollte er in Ihren Sachen tatsächlich etwas finden, müssen Sie sich allerdings wirklich an die Regeln halten. So viel Gerechtigkeit muss sein. Und es hindert Sie daran, willenlos zu wüten.

Natürlich können Sie die gemeinsame Wohnung auf ganz radikale Art von seinen Vorstellungen und Möbeln befreien. Aber auch wenn es Frauen in meinem Kollegenkreis geschafft haben, den Wohnwillen ihres Freundes komplett zu brechen – alle seine Möbel mussten raus, nichts durfte mit –, mir persönlich erscheint diese Variante menschenunwürdig. Es gibt doch viel hinterhältigere, ausgeklügelte Strategien.

Dabei ist es wichtig, bereits die Zeit vor dem Umzug zu nutzen. Ein gutes halbes Jahr sollten Sie einplanen, um nach und nach die schlimmsten Sachen aus seiner alten Wohnung zu eliminieren. Denn was erst einmal im Umzugswagen gelandet ist, wird man nur schwer wieder los. Daher: Was man jetzt schon kann entsorgen, das verschiebe nicht auf morgen. Diskutieren Sie vorher, und lassen Sie die Männer in Orange zur alten Adresse kommen. Er wird es praktisch sehen. So gibt es später weniger zu schleppen. Und vergessen Sie nicht, auch gleich seinen Kleiderschrank mit ihm zusammen zu entrümpeln (siehe auch Kapitel »Pimp your boyfriend«).

Der wohl größte Fehler, den man als Frau machen kann, ist, in die Wohnung des Freundes zu ziehen. Möglicherweise räumt er dann sogar ein Zimmer in seinen vier Wänden für die neue Dame des Hauses frei, und sie darf ein paar ihrer Sachen zu seinen stellen. Doch sie wird nie, nie, niemals das Sagen in der Wohnung des Mannes haben. Schließlich ist und bleibt die Frau Gast in seinem Revier. Und dort setzt nur er Marken. Im schlimmsten Falle beim Stehpinkeln.

Man muss schon tolerant sein, um mit jemandem sein Leben, aber nicht die Interessen zu teilen. Wenn die Frau zum Beispiel stundenlang Restaurantkritiken studiert, und der Mann dann eh wieder nur Pizza bestellen will. Oder der eine am Wochenende im Berliner Grunewald flanieren möchte, der andere aber lieber die Kellertreppe hinabsteigt, um einem Modellflugzeug Flügel zu verleihen.

Ein Bekannter von mir ist Redakteur einer Zeitschrift, die sich einzig und allein mit einem Thema beschäftigt: Boote. Er trägt gern Segelschuhe und blau-weiß gestreifte Shirts. Auf seinem Kopf sitzt eine Frisur, die aussieht, als hätte er morgens schon den Seewind gebeten, sie ihm zurechtzuzupfen. Ich bin sicher, er hat die Zeitschrift »Mare« abonniert und sein heimliches Lieblingsgetränk ist steifer Grog.

Das Erste, was wir zusammen unternahmen, war ein Segeltörn durch die Kieler Förde. Und ich überlegte damals, ob ich mir vorstellen könnte, jedes Wochenende den Kompass zu überwachen und Wenden einzuleiten. Und ob die langjährige Freundin meines Bekannten nach zu viel Meerblick wohl manchmal den Wunsch verspüren würde, diesen Mann kielzuholen. Meine Sorge war unnötig. So weit hat er es gar nicht kommen lassen. Als wir uns ein paar Monate später zum Essen trafen, erzählte er mir, er sei frisch getrennt: »Sie wollte einfach immer in die Berge und ich zum Wasser.«

Kürzlich war ich nun auf seiner Hochzeit. Die Ehefrau ist

genauso hübsch, brünett, charmant wie ihre Vorgängerin – und Bootsbauerin.

Auch wenn Gegensätze sich manchmal heftig anziehen – der Reiz des Unbekannten, die Geringschätzung des Vertrauten –, halten darauf gegründete Beziehungen selten lang. Denn sind die Schmetterlinge im Bauch erst einmal verflogen und haben die ganzen Hormone mitgenommen, will man doch jemanden, mit dem man sich zumindest theoretisch auseinanderleben könnte. »Gemeinsamkeiten scheinen das beste Fundament einer Beziehung zu sein«, verkündet dann auch das GESIS-Leibniz-Institut für Sozialwissenschaften.

Hat man nicht gerade einen Mann erwischt, dessen Leben einem Themenabend auf ARTE ähnelt (mit dem Titel »Faszination Meer« zum Beispiel), stehen die Chancen für eine harmonische Zweisamkeit grundsätzlich gut. Nur für die folgenden drei Härtefälle sollte man sich frühzeitig eine Überlebensstrategie zurechtlegen.

1. Der Lethargiker

Seine Freizeit gestaltet er wie folgt: Vom Büro aufs Sofa, vom Sofa ins Bett, vom Bett ins Büro. Während Sie gärtnern, liegt er auf der Couch. Treffen Sie sich mit Freunden, liegt er auf der Couch. Gehen Sie spazieren, liegt er auf der Couch. Die Formulierung »auf der Couch liegen« kann durch »vor dem Rechner sitzen« oder »im Internet surfen« ersetzt werden. Haben solche Männer keine Frau, lassen sie sich am liebsten Pizza und Bier an die Haustür liefern. Verlieren sie ihren Job, müssen Polizisten irgendwann ihre Haustür aufbrechen, um die skelettierte Leiche aus einem

Berg von Pappkartons und Dosen zu bergen. Es gilt also, solche Männer zu retten. Umso besser, wenn Lethargiker mit Frauen zusammen sind, die an ihnen ihr Helfersyndrom ausleben möchten.

So wie meine Freundin Katrin aus Hamburg. Katrin hat einen Mann, Philipp, den ich seit unserem ersten Treffen nur noch den Döser nenne. Als die beiden mich damals in Berlin besuchten, brachte er eine DVD-Box der Zeichentrickserie »Futurama« mit. Nicht als Gastgeschenk, sondern zu seiner Unterhaltung. Denn während meine Freundin und ich durch die Gegenwart Berlins liefen, essen und einkaufen gingen, lag er auf dem Sofa und verfolgte die Zukunftsabenteuer eines galaktischen Kurierdienstes.

Und das war keine Ausnahmesituation, kein Boykott von Freundinnenaktivitäten. Ein typisches Wochenende mit ihm, so beschrieb Katrin es, sehe tatsächlich so aus: Samstags geht er Lebensmittel einkaufen (immerhin!), kocht etwas daraus (nicht schlecht) und setzt sich dann mit dem Essen auf die Couch (schlecht). Dort bleibt er für den Rest des Tages, döst, sieht fern, surft im Internet (alles schlecht). Sonntags dann das Gleiche. Nur ohne Einkauf. In der Woche verkürze sich das Programm auf die Abendstunden.

Ein Beziehungsleben, so aufregend wie der Krankenhausaufenthalt nach einer Mandeloperation. Meine Freundin hat das lange mitgemacht. Er habe ja nun mal einen anstrengenden Job. Er müsse sich auch mal ausruhen. Wie gesagt: Helfersyndrom. Aber irgendwann hatte auch sie genug von ihrem Samariter-Dasein und begann zu jammern: »Es ist wie bei Hase und Igel. Egal, wann ich abends nach Hause komme, er ist schon da.«

Doch es sollten bessere Zeiten kommen. Nachhilfe war allerdings nötig. »Ich habe ihn aktiviert«, erzählte Katrin stolz. Aber wie? »Ich habe ihm eine Aufgabe gestellt: Er sollte sich etwas überlegen, was wir zusammen machen können.« Weitere Einschränkungen: Keine. Es hätte vom Picknick bis zum Pingpong-Match alles sein können. »Überrasch mich, habe ich gesagt.« Eine Herausforderung, die er tatsächlich annahm. Er entschied sich für eine Wanderung in den Bergen.

Seitdem wandern die beiden also. Und inzwischen sind sie sogar auf dem gleichen Fitness-Level angelangt. »Am Anfang habe ich zum Ausgleich einfach immer den Rucksack getragen.« Löblich, solche feinfühligen, belastbaren Mann. Bei Winterwanderungen haben Katrin und ihr Mann dann auch noch das Rodeln entdeckt. Und wo er schon mal von der Couch runter war, fing er auch wieder mit der Schießerei an. Das mag nicht jedermanns Sport sein. Aber manchmal geht sie sogar mit und lädt für ihn die Magazine. Eine Erfolgsgeschichte. Zur Nachahmung empfohlen.

Nun ist aber nicht jeder Döser für eine Überraschung gut. Und manchmal sind die Überraschungen fern dessen, was man sich gewünscht hätte. Wie bekommt man nun aber, was man will? Um das herauszufinden, begab ich mich auf die Suche nach einem Fachmann. Ich rief Thomas Schmidt an, Motivationscoach aus der Nähe von Darmstadt.

Er sei kein »Tschacka, du schaffst es!«-Typ, stellte er gleich am Anfang klar. Das sei ihm wichtig und deshalb könne er auch kein Patentrezept dafür geben, wie eine Frau ihren Mann zu mehr Aktivität motiviert. Nur so viel, und das sei eine Erfahrung aus seinem Privatleben: »Finden Sie heraus, was Ihren Mann wirklich begeistert. Meine Frau schafft es immer wieder, sich Dinge zu überlegen, an denen ich Freude habe, auf die ich aber nicht selber komme.« Sozusagen der Gegenentwurf zum Döser: Sie überrascht ihn.

Nun fiel Thomas Schmidt spontan nur eine Motorradtour mit Freunden ein, die seine Frau für ihn angeschoben hat, ganz uneigennützig. Aber tanzen, das würde er für seine Frau manchmal tun. »Weil ich sie gern glücklich sehe.«

Merke also: Bei der Bitte um einen Tanz sollte man besser traurig als böse schauen. Und Schmidt hatte noch einen Rat: »Geben Sie ihm emotionalen Halt, ganz egal, wie er auf der Tanzfläche aussieht.« Also, nicht meckern, weil der Mann die falschen Schritte macht, und Zähne zusammenbeißen, wenn er einem auf die Füße tritt. Jeglicher Druck könnte ihn stressen – und Stress ihn zurück auf die Couch treiben. Ob Sie Ihren Mann so von einem Tanzmuffel zum Tanzbären machen, sei dahingestellt. Aber einen Versuch ist es wert.

Ihn hin und wieder mitreißen zu wollen, ist zwar ein guter Ansatz, es bringt allerdings nichts, jemanden in eine Lesung, eine Ausstellung oder ein Modegeschäft zu zerren, wenn er dort nur darüber sinniert, was er eigentlich gerade lieber machen würde. »Ein einziger Mann kann nicht alle Bedürfnisse stillen«, verteidigt Schmidt seine Geschlechtsgenossen. Also suche man sich doch einfach für gewisse Stunden einen Ersatzbegleiter. Es gibt zum Beispiel Männer, die gern und gut tanzen. Leihen Sie sich so einen aus. Ist dieser geborgte Mann hetero, können Sie vielleicht sogar darauf hoffen, dass Ihr Freund sich aus Eifersucht zum Tanzen hinreißen lässt. Sollte Ihr Freund krankhaft misstrauisch und dazu noch absolut tanzunwillig sein, suchen Sie sich besser gleich einen schwulen Leihmann. Das erspart Ihnen Ärger.

Einen Tipp für Kulturfreundinnen mit Mann ohne Interesse an Othello oder Carmen gab mir ein Bekannter:

Manchmal würden Theater oder Opernhäuser einen Tag der offenen Tür veranstalten, wo man die ganze Backstage-Technik besichtigen könne. Das sei vielleicht ein spannender Ansatz, das dürfte ihn interessieren und dazu bewegen, sich die Technik auch mal im Einsatz – also bei einer Aufführung – anzusehen. Klingt kreativ. Einfacher und wenn Sie mich fragen auch effektiver dürfte es sein, wenn Sie sich mit der Freundin seines Freundes zusammenschließen und zu viert ins Theater gehen. Dann können sich die Männer in der Pause gemeinsam bei einem Bier erholen, und Sie stoßen mit der Freundin und einem Prosecco auf einen gelungenen Abend an – mit Männern, aber ohne Genörgel. Anwendbar ist das Quartett-Spiel auch bei Konzerten, Lesungen, ach, eigentlich bei allem, wo etwas aufgeführt wird.

2. Der Hobbyist

Ihm widmet der Sender »kabel eins« sogar eine eigene Sendung. Denn Hobbyisten fallen in das aktuelle Beuteschema von Programmplanern – sie sind Problemfälle, die es in unserer Gesellschaft nicht leicht haben, akzeptiert zu werden. So wie auch jugendliche Schulversager, Erwachsene auf Probe, schwervermittelbare Bauern und Giulia Siegel. Das Magazin heißt »Mein Mann, sein Hobby & ich« und will klären, wie es in den Hobbykellern dieser Nation aussieht.

Vorgestellt wurde zum Beispiel ein Mann, der sich für 30 000 Euro das Cockpit einer Boeing hat nachbauen lassen, um nun in Echtzeit mit einem Flugsimulator um die Welt zu fliegen. Ein anderer schnitzt in seiner Freizeit mit der Motorsäge aus Holzblöcken Bären, Adler, Eulen. Ein Feuerwehrmann kümmert sich aufopfernd um seine 13 Krokodile, die er im Garten hält. Und natürlich ist auch jemand dabei, der an einer unvorstellbar großen, detailgetreuen Modelleisenbahnanlage baut.

Die entscheidende Frage aber ist: Was machen die Frauen, während ihre Männer sich zu ihren Hobbys verkrümeln? Sie sind überraschend verständnisvoll. Die Gattin des Motorsägers hat sich damit abgefunden, dass sie abends allein am Esstisch sitzt. »Wenn ich Zeit hab, dann schnitz ich«, kommentierte ihr Mann. »Und wenn das zwölf Stunden dauert, dann schnitz ich zwölf Stunden.« Die Partnerin des Flugkapitäns bringt ihrem Freund als selbsternannte Chefstewardess Getränke ins Cockpit. Und auch die Frau des Zugführers unterstützt ihren Mann, so gut sie kann, indem sie nur noch Fleisch und Käse kauft, die eingeschweißt auf Depron-Platten liegen, perfektes Material für jeden Modellhäuslebauer.

Vollends ins Abseits hat sich die Krokodil-Frau drängen lassen. Kürzlich hat ihr Mann ihren Geburtstag vergessen. Aber das sei auch irgendwie ihre eigene Schuld, sagt sie. Schließlich habe sie den nicht in seinen Kalender eingetragen. Eine Woche später ist es ihm wieder eingefallen. Sein verspätetes Geschenk: Krokodilohrringe …

Sollten Sie einen Hobbyisten zum Freund haben, checken Sie bitte regelmäßig Ihren Status an seiner Seite mit der Frage: »Schatz, was ist dir wichtiger, dein Hobby oder ich?« »Die Krokodile waren vor ihr da«, lautete die Antwort des Feuerwehrmannes. Wer da noch bleibt, ist selber schuld.

Das alarmierendste Mittel zum Zeitvertreib, das Ihr Mann wählen kann, ist allerdings der Fernseher, der ärgste Feind einer mitteilungsbedürftigen Frau. Dass er sich manchmal vor Gesprächen drückt, indem er bastelt, schnitzt oder Pilot spielt, kann man verzeihen. Doch wenn er irgendwann lieber und vor allem häufiger den Fernseher hört und sieht als Sie, dann sollten Sie sich ernsthaft Gedanken machen.

Um herauszufinden, wie viel oder wenig ihm an Ihnen liegt, gibt es nur eine Möglichkeit: Fernsehentzug. Und da gegen ein bisschen Zeit vor dem beruhigend bläulich flimmernden Gerät generell nichts einzuwenden ist, schlage ich eine sanfte Entwöhnung vor. In der ersten Woche bleibt die Kiste einen Tag lang aus, in der zweiten zwei, in der dritten drei und so weiter. Haben Sie sich an den fernsehfreien Tagen noch etwas zu sagen? Wissen Sie etwas mit sich anzufangen? Und sind Sie an Tag fünf noch zusammen? Müssen Sie eine der Fragen mit Nein beantworten, liebt er nicht Sie, sondern das bequeme Dasein an Ihrer Seite.

Das Gleiche gilt für den Fall, dass Sex das einzige verbindende Interesse zwischen Mann und Frau ist. Als mein ehemaliger Mitbewohner Adrian (der Sex- und Badewannenbesessene, den sie in Kapitel 8, »Frauenfeindlicher Sex«, näher kennenlernen werden) eine kurze Jagdpause einlegte und sich ein paar Wochen nur mit einer einzigen Frau traf, sah man ihn plötzlich nicht mehr nur in Unterhosen über den Flur huschen, sondern auch am Küchentisch sitzen. Uno spielend. Mit einem Mädchen, welches mit einem Tigerenten-Kulturbeutel in unser Badezimmer eingezogen war. Adrian und sie sprachen während des Kartenspiels nur das Nötigste, wie »Teil du aus« oder »Uno!«. Gefragt, warum er das mache, antwortete er: »Was sollen wir denn sonst zusammen unternehmen?«

Aber kommen wir zurück zu Aktivitäten, die der Mann allein betreibt – und einer wichtigen Warnung. Achtung, Achtung: Sollten Sie sich nicht für Golf interessieren, halten Sie Ihren Mann vom Grün fern! Der Beginn einer großen Leidenschaft für diesen ... – manche nennen es Sport, kann das Ende Ihres Beziehungslebens bedeuten. Viele verzweifelte Frauen habe ich bereits klagen gehört, ihr Mann sei golfverrückt geworden. Wie im Wahn treibe er in jeder freien Minute die kleinen Bälle über den Rasen. Urlaube könnten nur noch in der Nähe eines Abschlags stattfinden, Gespräche drehten sich ausschließlich um Par, Putts und Pitching Wedges. Hat ein Mann sich einmal infiziert, ist die Heilung vom Golfvirus fast unmöglich.

Der Vorschlag von Motivationscoach Thomas Schmidt für solch hartnäckige Fälle: Reden. Darüber, warum er zum Beispiel ständig über den Golfplatz rollert. Was ist ihm daran so wichtig? Um die Erfolgsaussichten für solch ein Gespräch zu erhöhen, gibt Schmidt drei Grundregeln für Kommunikationsanfänger: 1. Aussprechen lassen. 2. Stille aushalten. 3. Nicht mit einer Erwartungshaltung in die Unterhaltung gehen – und beleidig von dannen ziehen, wenn der Mann nicht sagt, was Sie hören wollen. Fühlen Sie sich dem gewachsen? Können Sie still und ziellos in ein Gespräch einsteigen? Dann los mit der Fragestunde. Und vielleicht kommt am Ende tatsächlich raus, dass ihr Mann zu schüchtern zum Tanzen ist, sich zu dumm für eine Lesung hält und sich blöderweise in seine Golftrainerin verliebt hat.

3. Der Extremsportler

Wer sich mit ihm einlässt, sollte den Unterschied zwischen Kohlenhydraten und Eiweiß kennen, wissen, was Trainingspläne sind – und vor allem Verständnis dafür haben, dass man sich nach ihnen richten muss. Denn wir sprechen hier nicht von Menschen, die mal ein, zwei Stunden am Wochenende Rad fahren oder eine Runde um den Block joggen. Wir sprechen von extremen Sportlern. Solche, die morgens um sechs Uhr die erste Laufeinheit absolvieren, dann statt eines Marmeladenbrötchens einen Protein-Shake zu sich nehmen und sich so für die anstehende Rad-tour stärken.

Prinzipiell ist natürlich nichts dagegen einzuwenden, dass sich jemand fit hält. Aber wenn der Mann seinem Körper mehr Aufmerksamkeit widmet als Ihrem, sollten Sie etwas unternehmen. Eine Freundin von mir, Frau eines sportwütigen Mannes, griff einfach in seinen Trainings-plan ein. Statt vor oder nach der Arbeit laufen zu gehen, beschloss sie, er solle doch von der Arbeit nach Hause joggen. Die beiden wohnen in Berlin Prenzlauer Berg, er arbeitet in Charlottenburg, das sind immerhin fast zehn Kilometer. Eine ordentliche Trainingseinheit. Gibt es in der Firma eine Dusche, was häufiger der Fall ist, als man denkt, funktioniert natürlich auch der Weg zur Arbeit als Lauf-oder Radstrecke.

Ein Vorschlag für skrupellose Frauen: Ihr Verbündeter könnte der Arzt Ihres Mannes werden. Männer hören auf ihn, denn sie fürchten nichts mehr, als krank zu werden. Wenn Ihr Freund es mit dem Training übertreibt, könn-te eine vom Mediziner seines Vertrauens ausgesprochene Warnung Wunder wirken. Sätze, wie »Bei solch einer Be-lastung müssen Sie in ein paar Jahren mit Verschleiß an den Knien und einem Bandscheibenvorfall rechnen«, sollten seinen Bewegungsdrang zumindest ein wenig bremsen.

So viel zu den drei Extremfällen. Kommen wir zur alltäg-lichen Freizeitgestaltung und der Frage: Soll man Aktivitä-ten mit seinem Mann teilen – und wenn ja, welche? Natür-lich gibt es Paare, denen ohne pausenloses Händchenhalten und Auf-dem-Schoß-Sitzen der Lebensinhalt abhandenkommt. Bevor man sich aber penetrant an die Fersen des Mannes heftet, im Glauben, das wird ihm schon gefallen, sollte man ihn noch einmal direkt fragen, ob er einen nicht doch als Klotz am Bein empfinden könnte. Männer sind in der Regel keine großen Problemansprecher – und Sie möchten seine Abwehrhaltung nicht zu spüren bekommen, wenn er schon total entnervt ist.

Denken Sie immer daran: Eine Überdosis Nähe tut auf Dauer keiner Beziehung gut. Sie führt zu lähmender Langeweile. Trotzdem sehen viele Frauen in dem Freiheitsdrang ihrer Männer einen persönlichen Affront. Was natürlich in vielen Fällen (nicht allen) Quatsch ist. Distanz ist nicht gleichbedeutend mit Desinteresse. Manchmal braucht er einfach nur seine Ruhe, denn mal ehrlich, er hat es ja auch nicht leicht: Sie und die Familie fordern Aufmerksamkeit, der Job Aufopferung, das Sexleben Engagement. Während Sie zur Erholung zum Beispiel shoppen gehen, sich eine Gesichtsmassage gönnen oder sich ans Telefon hängen, hat er vielleicht nur seine Fußballspiele. Gönnen Sie ihm die Auszeit. Zumindest in gewissem Umfang. Und während er weg ist, hören Sie am besten den Song »Schön von hinten« von Stereo Total als Endlosschleife: »Wie soll ich mich nach dir sehnen, wenn du stets, wenn du stets, wenn du stets, wenn du stets bei mir bist?«

Ein Fehler in der Freizeitgestaltung, den Frauen häufig begehen, ist der Versuch, mit ihm Sport zu treiben. Doch vielleicht erinnern Sie sich an das bereits im Kapitel »Folgenschwer« erwähnte Problem dabei: Frauen machen Sport aus Spaß, Männer brauchen den Konkurrenzkampf. Wählen Sie eine Sportart, in der er besser ist als Sie, dann wird er nicht anders können, als das auszukosten. Wählen Sie eine Sportart, in der Sie überlegen sind, wird er Ihnen das nie verzeihen. Kürzlich traf ich meine Nachbarin und ihren Freund beim Laufen in sehr unterschiedlicher Stimmung. Treffen ist vielleicht zu viel gesagt. Ich beobachtete die beiden von der anderen Straßenseite aus. Sie sah aus wie ein kleiner roter Wutball und schnaufte, während er – betont entspannt und gut gelaunt – auf der Stelle lief, augenscheinlich, um auf sie zu warten. Am nächsten Tag begegnete ich ihr im Hausflur und fragte nach dem gemeinsamen Joggingausflug. Eine Schimpftirade brach aus ihr hervor: Immer laufe er vor, dann warte er selbstgefällig, und als sie endlich zu Hause ankamen, sei er mit den Worten »So, nun bin ich warm. Dann lauf ich jetzt noch mal richtig los« weitergejoggt. Gönnen Sie Ihrem Mann diesen Spaß nicht.

Versuchen Sie besser, ein anderes gemeinsames Hobby zu finden – aber ohne dabei zu verkrampfen. Fatal ist zum Beispiel, wenn sich eine frisch verliebte Pop-Liebhaberin zu einer Falschaussage wie dieser hinreißen lässt: »Ich interessiere mich auch wahnsinnig für Heavy Metal, und Konzerte sind für mich das Größte.« Aus der Nummer kommen Sie nie mehr raus und sitzen plötzlich jedes Wochenende bei irgendeinem Wacken-Filthrock-Hardtaste-Trash-till-death-Festival. Oder wie wollen Sie Ihrem Headbanger nachträglich erklären, dass Sie nicht die Seelenverwandte sind, für die er Sie gehalten hat.

Frauen sind generell anpassungswillig: Wie sonst soll man sich die aktuelle Schwemme an weiblichen Fußballfans erklären, die einen plötzlich in engagierte Gespräche über irgendwelche Spielerwechsel verwickeln wollen oder im Trikot zur Arbeit kommen? Bei manchen kommt die Begeisterung für diesen Männersport recht unerwartet. So wie bei einer Mitbewohnerin, die auf einmal zu den Spielen des HSV ging. Als ich daraufhin fragte, ob sie sich wegen ihres neuen Freundes plötzlich für Fußball interessiere, reagierte sie pikiert und meinte: »Nein, ich fand Fußball schon immer toll.« In den drei Jahren zuvor, in denen wir eine Wohnung teilten, ich sie also unter steter Beobachtung hatte, sah ich sie allerdings nicht einmal ein Spiel im Fernsehen anschauen. Geschweige denn, dass sie ins Stadion gegangen wäre.

Aber die weibliche Solidarität kann noch viel weiter führen. »Ich weiß gar nicht, wie das passieren konnte«, meinte kürzlich eine Freundin, während sie kopfschüttelnd vor ihrem Keller stand. Eigentlich wollten wir nur ein paar Stühle holen, doch die waren unter einem Haufen von Sportgeräten vergraben: Rollerblades aus der Zeit mit Mark, ein Snowboard für die Urlaube mit Kai, ein Mountainbike, um Ausflüge mit Stefan zu machen. Relikte aus verschiedenen Männer-Epochen. »Das sind eigentlich alles Sachen, die ich hasse!«, wunderte sie sich. Weniger verwunderlich ist wohl die Tatsache, dass keine der Beziehungen ihr auf Dauer Spaß gemacht hatte.

Sich anzupassen ist hilfreich, sich selbst dafür aufzugeben, schlecht: Ist er zum Beispiel ein großer Videospiel-Fanatiker, Sie können sich aber nicht mit seinen Ego-Shootern anfreunden, dann bringt es nichts, sich darüber aufzuregen. Besser: Gehen Sie in die Videothek Ihres Vertrauens, leihen Sie ein paar Spiele aus und testen Sie diese gemeinsam. Eine Kollegin von mir ist so gerade von einer Konsolen-Hasserin zur Guitar-Heroin geworden.

Leider teilt man sich die freie Zeit nicht nur mit seinem Mann – sondern auch mit dessen Freunden.

Wenn Sie wenig Lust haben, sich mit seinen Kumpeln abzugeben, ist das Ihre Sache. Aber dann lassen Sie ihn wenigstens allein ausgehen. Und zwar in Würde. Ein Freund von mir verlässt die Wohnung stets mit einer Ausgangssperre. Was für seine Gesprächspartner recht unangenehm ist. Denn ab elf Uhr blickt er unentwegt auf die Uhr, um auch ja pünktlich um halb zwölf Uhr zu Hause zu sein. Von den Augen seiner Freunde kann man in diesen Momenten deutlich »arme Wurst« ablesen.

Ebenfalls entwürdigend: Ständige Tresenbeaufsichtigung durch Telefonanrufe im Viertelstundentakt. Dadurch sinkt nicht nur sein Ansehen bei den Freunden, sondern auch Ihres. Sollten Sie zu den Frauen gehören, die ihren Mann wie einen Hund zurückpfeifen und ihm den Ausgang so gut wie ganz verwehren, probieren Sie mal Folgendes aus: Lassen Sie ihn gehen. So oft und so lange er will. Frauen, die ihre Männer sogar zu Kneipengängen animieren, berichten von einem männlichen Ausgehmodus von ein, zwei Mal die Woche, öfter will er gar nicht. Der Reiz liegt, wie so oft, im Verbotenen.

Ernsthaft Sorgen machen darf man sich allerdings, wenn er – einmal losgelassen – seine Jungs prinzipiell Ihnen vorzieht. Das ist kein gutes Zeichen. Schauen Sie sich den Film »Er steht einfach nicht auf dich« an. Da geht es zwar um Frauen, die erst noch einen Mann suchen. Aber die Erkenntnis des Films stimmt in allen Beziehungslagen: Wenn er sich nicht um Sie bemüht, dann will er nicht wirklich mit Ihnen zusammen sein.

Hat man die Absicht, sich mit den Freunden des Mannes gut zu verstehen und will sich dafür sogar mit denen arrangieren, die man eigentlich nicht ausstehen kann, ist das grundsätzlich löblich. Eine Einstellung, die unterstützt werden sollte. Wie würde Motivationscoach Thomas Schmidt das anstellen? »Wenn ich intelligent bin, erkenne ich, dass ich Vorurteile habe. Und diese Vorurteile sind meist Eigenschaften, die ich an mir selbst nicht leiden kann.« Spiegeln nennen Psychologen dieses Phänomen: Ich werfe dem anderen vor, was ich an mir selbst nicht mag. Finden Sie den Freund zu konservativ? Dann denken Sie mal darüber nach, wie viel Eva Herman in Ihnen steckt. Oder zu prollig? Dann überlegen Sie besser, ob Sie sich Ihre Tätowierung über den Pobacken nicht doch entfernen lassen sollten. Ob man das Problem, welches man mit dem Freund des Freundes hat, so überwinden kann, ist eine andere Frage. »Aber die Erkenntnis hilft häufig schon ...«, sagt Schmidt.

Ein weiteres Problem in einer Beziehung können unterschiedliche Tagesrhythmen sein. Sie gehen nach dem heute journal ins Bett und stehen morgens mit dem Frühstücksradio wieder auf. Ihr Freund ist bis nachts unterwegs und schläft dafür bis zum Mittagsmagazin? Studien belegen, es gibt Menschen, die Eulen sind, die anderen Lerchen. Will sagen: Regen Sie sich nicht über seine angeborene Nachtaktivität auf, sondern machen Sie das Beste draus. Eine Freundin hatte folgenden Tipp: Kommt er spätnachts betrunken nach Hause, bereiten Sie alles für seine Ankunft vor. Nein, nicht das Nudelholz und die Standpauke, sondern sein Nachtzeug, ein Glas Wasser, die Kopfschmerztablette. Platzieren Sie alles gleich hinter der Haustür und legen Sie sich schlafen. Er wird bei dem Anblick des liebevollen Betthupferls gerührt sein, und Sie haben Ihre Nachtruhe, weil er nicht ins Zimmer poltert, seine Sachen sucht und wegen Kopfschmerzen rumstöhnt. An Tagen, an denen Sie dringend Ihren Schlaf brauchen, bereiten Sie ihm ein Nachtlager auf der Couch. So haben Sie nicht nur Ihre Ruhe, sondern er wird hoffentlich das Gleiche tun, wenn Sie spät nach Hause kommen. Falls nicht: Nudelholz.

Weniger einfach ausquartieren kann man einander im Urlaub. Obwohl, es geht: »Mann setzte Frau an der Autobahn aus«, titelte einmal die Internetseite des Spiegel. Der Sommerurlaub eines belgischen Paares verlief offensichtlich nicht so harmonisch wie erhofft. Und bei der Rückreise platzte dem Mann schließlich der Kragen.

Urlaub ist ein Härtetest für jede Beziehung. »Nähe ist nicht leicht. Das merkt man beim Reisen sofort«, sagt auch der Londoner Gegenwartsphilosoph Alain de Botton. Und trotzdem scheinen Paare im Urlaub eine klettenartige Zwangsneurose zu entwickeln. Man kann sich einfach nicht nah genug sein. Und will der eine an den Strand und der andere an den Pool – zack – gibt es Streit. Was man unter Freunden einfach akzeptiert, nämlich den Alleingang, sorgt in einer Beziehung plötzlich für dramatische Szenen.

Dem Gewinner des Wettbewerbs »Welches Paar kann möglichst viel Urlaubszeit miteinander verbringen?« kann man leider häufig nur zum Ende der Beziehung gratulieren. Laut einer Studie finden 70 Prozent aller Trennungen und jede dritte Scheidung nach einem Urlaub statt. Solche Untersuchungsergebnisse zur schönsten Trennungszeit des Jahres gibt es zuhauf: Eine Studie der Gesellschaft für rationelle Psychologie ergab zum Beispiel, dass Paare im Urlaub doppelt so lange streiten wie zu Hause. Und einer Umfrage des Instituts Polis zufolge sagen ein Viertel aller Befragten, dass Ärger mit dem Partner ihnen den Urlaub verdorben habe.

Es ist also nicht leicht, als Paar zu verreisen. Wer es trotzdem wagt, sollte an zwei Dinge denken: Setzen Sie bei der gemeinsam verbrachten Zeit im Urlaub auf Qualität und nicht auf Quantität. Und beachten Sie bei der Reiseplanung Folgendes:

1. Bei Männern und Frauen herrschen unterschiedliche Vorstellungen davon, wie der perfekte Urlaub aussehen

soll. Eine Umfrage des Online-Reiseservice Opodo ergab: Männer wollen vor allem entspannen, Ausflüge machen und Sex. Frauen wollen an den Strand, Sightseeing-Touren und einkaufen. Und wenn das so ist, ändert daran auch eine Diskussion nichts. Fangen Sie also gar nicht erst damit an. Besser: Jeder trägt vor, was er will. Was erholt wen? Wer kann sich womit arrangieren? Finden Sie genug Übereinstimmungen – dann nichts wie los. Will er aber unbedingt durch die Wildnis Afrikas trecken und Sie faul im Sand an Ihrem Teint arbeiten, dann handeln Sie ihn auf fünf Tage mit Rucksack und Zelt runter und drücken eine Woche Strandurlaub danach durch.

2. Ersparen Sie dem Reisebürokaufmann ihr Gezeter. Klären Sie alles an einem stressfreien Abend, und zwar lange vor dem Urlaub. Nehmen wir an, Sie wollen zum Beispiel nach Saint Lucia. Dann reservieren Sie im besten karibischen Restaurant der Stadt einen Tisch und bereiten sich gut vor. Mit Reiseprospekten, prominenten Inselliebhabern und Zitaten von Freunden, sie schon dort waren. Erwecken Sie den Eindruck, er müsse sich um nichts mehr kümmern. Das wird ihm gefallen.

3. Es gibt kein Gesetz, dass man stets mit seinem Partner verreisen muss. Manchmal braucht er für seinen Lebenstraum – zum Beispiel die Himalaya-Besteigung – nicht die Freundin, sondern diesen bärtigen, verrückten Kiffer-Freund. Und Sie wollen doch auch nicht mit einem Shopping-Muffel nach Mailand jetten.

4. Keine faulen Kompromisse. Er will nach Island, Sie auf die Kanaren? Er liebt Abenteuer, Sie Luxus? Wenn Sie einfach nicht zusammenkommen – treffen Sie sich nicht auf der Hälfte. Besser: In einem Jahr bestimmt der eine, in einem Jahr der andere. Sonst sind beide nur halb glücklich, oder anders ausgedrückt: die ganze Zeit unglücklich.

7. DU BIST MIR PEINLICH:
Von Schamoffensiven und
Essbeschwerden

Es war eines dieser Restaurants, wo man sich mit den anderen Gästen nicht nur das Ambiente und die Speisekarten teilt. Wozu es gut sein soll, an langen Tischen Pobacke an Pobacke mit Unbekannten zu sitzen? Keine Ahnung. Weder schmeckt dadurch das Essen besser, noch entstehen leidenschaftliche Gespräche zwischen den Anwesenden, schließlich sind wir in Deutschland, und dieses Restaurant war auch noch sehr weit vom kontaktfreudigen Rheinland entfernt. Aber immerhin: Man konnte das merkwürdige Verhalten seiner Beisitzer verfolgen – ohne lauschen oder starren zu müssen.

Direkt neben meinem Begleiter und mir saßen fünf Personen, zwei Paare und eine Frau, deren Mann später kam, auf den Tisch klopfte und sagte: »Ich mach mal so«. Die Reaktion der Freundin: ein Blick, als hätte er gerade bekannt gegeben, er sei gepierct, an einer sehr intimen Stelle. Der Mann setzte sich, stützte die Hände auf die Oberschenkel und ließ ein lautes »So!« aus seinem Körper frei. Er rang um Aufmerksamkeit. Als er diese nicht bekam, rief er quer durch den Raum nach der Kellnerin: »Señora!« Davon mal abgesehen, dass er sich in der Landessprache geirrt hatte und Spanisch in einem italienischen Restaurant sprach, schnipste er dabei so engagiert mit den Fingern, wie das eigentlich nur Streber im Mathekurs tun. Seine Frau rückte eine Pobackenbreite von ihm ab. Später machte er noch ein paar Späße vom Schlag »Witzischkeit kennt keine Grenzen«, und am Ende bestellte er tatsächlich einen lustigen

EXpresso. Die Frau blieb während dieser Schamoffensive tapfer bis zum Schluss neben ihrem Mann, wenn auch mit einem Gesichtsausdruck, als hätte man ihr einen Hundehaufen an die Seite gesetzt.

Hoffen wir, dass Sie Ihren Partner nicht aus Selbstschutz zu Hause lassen müssen. Denn nein, niemand sollte mit einem Mann zusammen sein, der einem so peinlich ist, dass man sich für ihn fremdschämt. Fremdschämen (seit 2009 eingetragenes Wort im Duden) tun wir uns schließlich schon genug. Zum Beispiel wenn Thomas Gottschalk mal wieder nach dem Knie der ausländischen Wettpatin greift, die gar nicht versteht, wie ihr geschieht und verzweifelt versucht, ihr Lächeln vor der Kamera nicht zu verlieren. Oder wenn unser Arbeitskollege eine Rede hält und auf der Suche nach dem verlorenen Faden hoffnungslos herumstottert. Oder wenn Außenminister Westerwelle keine Interviews auf Englisch geben will.

Für die Peinlichkeiten anderer rot anzulaufen, ist man also gewohnt. Aber niemals fühlt es sich so schlimm an wie beim eigenen Freund. Wenn dieser in der Öffentlichkeit seinen schlechten Humor, entwürdigende Tischmanieren oder arrogante Wesenszüge entblößt, ist dies nur schwer zu ertragen – und wegschalten wie bei Gottschalk geht ja leider nicht. Da muss man sich etwas anderes überlegen.

Dabei scheint das naheliegende Verhalten, als Frau einfach das Gesicht zu verziehen, weil zum Beispiel der frauenfeindliche Witz des Mannes bei der wöchentlichen Damenrunde gerade nicht gut ankam, wenig zu helfen. Denn leider, so erklärt es eine Entwicklungspsychologin im Interview mit dem »Spiegel«, können Männer den Gesichtsausdruck und die Gefühle ihres Gegenübers nicht so gut deuten wie Frauen. Den Unterschied mache das Hormon

Oxytocin. Das weibliche Feingefühl lässt sich bei Männern anscheinend sogar reproduzieren. Für Studien wurde ihnen dazu Oxytocin in die Nase gespritzt, und schon waren die Testpersonen auf Empathie gedopt.

Oxytocin gibt es übrigens in der Apotheke. Nicht als Männermanipulationsmittelchen, sondern unter anderem, um die Wehen einzuleiten. Bevor Sie nun aber versuchen, an eine Jahresration für Ihren Mann heranzukommen, befragen Sie bitte erst einen Arzt zu Dosierung, Nebenwirkungen und Langzeiteffekten. Er müsste Ihnen eh erst ein Rezept ausstellen. Von dem zweitnaheliegensten Verhalten werden Ihnen beide übrigens abraten: Aus medizinischen wie auch aus ethischen Gründen ist das Treten des männlichen Schienbeins unterm Tisch nicht akzeptabel.

Da gibt es bessere Wege, ihn sozialverträglicher zu machen. Zuerst müssen Sie allerdings überprüfen, ob Sie eine wichtige Voraussetzung erfüllen. Egal, was Ihr Partner tut oder sagt und wie sehr Sie sich manchmal für ihn genieren, am Ende müssen Sie immer sagen können: »Ich liebe diesen Mann.« Und das, ohne zu zögern. Wenn dem nicht so ist, er Ihnen zu peinlich erscheint, um mit auf Partys genommen zu werden oder auch nur zum Bäcker um die Ecke, brauchen Sie gar nicht weiterzulesen. Dann wissen Sie hoffentlich, was zu tun ist.

Die gleiche Konsequenz gilt bei Männern, die sich danebenbenehmen, weil es zu ihrem schlechten Charakter gehört. Grüßt er die Kassiererin nicht, snobt arrogant die Putzfrau und den Postboten ab und gibt sich Ihren Freunden gegenüber so herablassend, als wäre er Oberlehrer und Türsteher der Münchner Disco »P1« in einem? Dann glauben Sie bitte nicht, dass Sie ihn zu einem besseren Menschen machen, indem Sie liebevoll auf ihn einreden oder für einen Dienst in der Suppenküche einteilen.

Geht es »nur« um das peinliche Verhalten des Partners, gilt: Je früher kritisiert, umso besser. Leider sind Frauen aber häufig spät dran mit ihrer Beschwerde. Manchmal liegt es daran, dass man die ersten gemeinsamen Wochen oder sogar Monate in trauter Zweisamkeit – also unter Ausschluss der Öffentlichkeit – verbringt. Und schämen muss man sich ja nur unter den Augen der anderen. Oder man findet seine Macken anfangs noch furchtbar süß und erst später plötzlich furchtbar schrecklich. Wie zum Beispiel sein »th«, das ihn, wenn er Englisch spricht, ungewollt zur Arnold-Schwarzenegger-Parodie werden lässt. Oder sein Umgang mit dem Kellner, der zuerst noch souverän, dann aber überheblich wirkt. Dieses Wahrnehmungsdefizit kann man auch auf die Frischverliebtheit schieben, die das Urteilsvermögen vernebelt.

Früherkennung ist aber wichtig, damit er sich die peinlichen Marotten abtrainieren kann, bevor die Hormone aufgebraucht sind und Sie ihn entnervt verlassen. Verliebtheit hin oder her – peinlich wird Ihnen der Mann garantiert werden, wenn Sie folgende Warnsignale übersehen:

1. Sie können auf die Frage nach seiner Augenfarbe keine Antwort geben. Sie kennen ihn nur mit Sonnenbrille. Diese schützt ihn vor der Sonne, der Dunkelheit und dem Funkeln seiner Goldkette.

2. Er sagt, KKK (Kinder, Küche, Kirche) gefalle ihm bei Frauen noch besser als FKK.

3. Er zieht gern lauthals grölend durch die Straßen – und trägt dabei keinen Fußballschal.

4. Er nennt Sie Zuckerschnecke, Pupsi, Spätzchen, Möpselein oder so ähnlich – und zwar vor anderen. Am Anfang stört es Sie vielleicht noch nicht, aber später wird es Ihnen schockierend unangenehm sein.

5. Seit Sie ihn kennen, will er nur zum Dönermann oder zum Äthiopier. Sie haben ihn also noch nie mit Messer und Gabel hantieren sehen.

6. Spricht er von Prominenten, nennt er sie beim Vornamen. Also, der Tom ist dann zum Beispiel Tom Tykwer, mit dem er mal im gleichen Sushi-Laden saß. Oder die Kati ist Katarina Witt, von der er sich einmal ein Autogramm hat geben lassen. Solche unangebrachten Vertraulichkeiten sind immer ein schlechtes Zeichen und ein klarer Hinweis: Achtung, Wichtigtuer!

Schwerer zu durchschauen ist da ein Mann, der sich für den ersten guten Eindruck gekonnt verstellt. Wie kann man ihn enttarnen? Mit Alkohol, meint meine Kollegin Tanja, die Erfinderin der »Pimp your boyfriend«-Strategie aus dem ersten Kapitel. Tanja hält sich an den Rat ihrer Mutter, den Mann so früh wie möglich betrunken zu machen. »Und dann schau dir an, wie er sich verhält.« Fasst er anderen Frauen ans Knie, erzählt schlimme Witze (dazu später mehr), verliert die Kontrolle oder bepöbelt vielleicht Passanten? Alkohol im Mund tut Wahrheit kund.

Möglicherweise ist das gehäufte Auftreten von Peinlichkeiten aber auch weniger auf das Verhalten des Mannes zurückzuführen, sondern liegt an der Einstellung der Frau. Dazu ein kleiner Exkurs in die Welt von Scham und Schande: Menschen schämen sich, wenn sie etwas tun, was ihrer Meinung nach nicht dem gesellschaftlichen Ideal entspricht. Folglich schämen wir uns für unseren Partner, weil er nicht unserem gesellschaftlichen Ideal entspricht, sich also nicht so verhält, wie wir uns das von dem Mann an unserer Seite vorstellen. Entspricht er wiederum nicht unserem Ideal, nehmen wir an, er erfülle auch nicht die

Ansprüche der restlichen Menschheit. Das ist natürlich vermessen. Denn: »Wann jemand die Schamgrenze durchbricht, empfindet schließlich jeder anders«, sagt die Hamburger Paartherapeutin Brigitte Hebel.

Ohne Ihnen jetzt unterstellen zu wollen, Sie seien verkrampft wie eine Wade unter Magnesiummangel – trotzdem sollten Sie immer eine zweite und dritte Meinung einholen. Vielleicht sind Ihre Vorstellungen doch etwas, nun ja, eindimensional angelegt. Vielleicht findet es eine Frau zum Beispiel unangenehm, dass ihr Freund nicht gern ins Ballett geht, dafür aber keine Monster-Truck-Show in 200 Kilometer Umkreis verpasst. Aber für ihre Bekannten ist das völlig o.k., möglicherweise finden sie jemanden mit einem Faible für Monster Trucks sogar lustiger als das ewige Spitzenschuh-Palaver. Fragen Sie besser einmal ein paar neutrale Personen, ob Sie mit Ihrer Einschätzung des Peinlichkeitsgrades richtigliegen. Ein Freundecheck vorab lohnt sich immer.

Ein durchaus berechtigter Grund, sich für den Partner zu schämen, ist der Mangel an Manieren. Wie kann es sein, dass mancher Mann einfach keine hat? Drei Möglichkeiten: 1. Er ist schlecht erzogen, Mama und Papa sind schuld. 2. Er hat seine Manieren während Ihrer Beziehung verlernt, Sie sind schuld. 3. Er will Sie damit ärgern, er ist schuld.

Zu 1. Er ist schlecht erzogen
Ob der Grund für das schlechte Benehmen Ihres Schambolzens tatsächlich in den ersten postnatalen Jahren liegt, finden Sie durch einen Besuch bei seinen Eltern heraus. Sitzt der Vater in Feinripp auf der Couch und kommandiert seine Frau herum? Stützt man sich auf den Tisch, um das

Essen in sich hineinzuschaufeln? Wie wird ein Besucher behandelt? Wie über andere gesprochen?

Sollten Sie nach dem Besuch schockiert von den Zuständen im Elternhaus Ihres Freundes sein, entwickeln Sie Mitleid und am besten gleich ein Helfersyndrom dazu. Schließlich kopiert der Arme nur, was man ihm vorgelebt hat. Er weiß es nicht besser. Haben Sie keine Lust, als seine Gouvernante ständig an ihm herumzumäkeln (»Das macht man aber nicht.«, »So was gehört sich doch nicht.«), dann bitten Sie einen Freund, ihn darauf aufmerksam zu machen, dass er dringend einen Benimmkurs nötig hätte.

Dort würde er im Zweifel auch den Umgang mit einem Kellner lernen. Etwas, das man sich eigentlich bei den Eltern abschauen kann. Ein gut erzogener Mann sucht Augenkontakt, lächelt und winkt wortlos mit einer freundlichen Geste – und schnippt nicht mit den Fingern, ruft »Hallo! Herr Ober!« quer durchs Lokal. Oder noch schlimmer: »Frollein«.

Wollen Sie solche Personalprobleme selbst in die Hand nehmen, dann am besten offensiv. Fragen Sie den Kellner am Tisch und in Anwesenheit des unerzogenen Mannes: »Wie werden Sie eigentlich am liebsten gerufen?« Ja, das ist peinlich wie eine weiße Sommerhose, auf deren Rückseite die Monatsblutung einen Fleck zeichnet. Und vielleicht müssen Sie danach erst einmal in eine Tüte atmen. Ihm wird es aber auch höchst unangenehm sein – und er wird hoffentlich niemals wieder in solch eine Situation geraten wollen. Also lieber einmal richtig schämen und danach Ruhe, als immer wieder für ihn im Boden zu versinken. Das gleiche Prinzip können Sie übrigens anwenden, wenn er zu wenig Trinkgeld zahlt. »Wie viel Trinkgeld ist eigentlich die Regel bei Ihnen?«

Zu 2. Er hat seine Manieren während Ihrer Beziehung verlernt

Sie haben also beide ihre Benimm-Grundsätze vernachlässigt. Dann fangen Sie doch schon mal an, sich zu bessern. Zeigen Sie ihm, dass Sie sich immerhin noch deutlich von einem Affen unterscheiden. Wischt er sich die Hände beim Essen an der Hose ab, dann benutzen Sie betont vornehm die Serviette. Fasst er angerichtete Speisen zur genauen Begutachtung an und legt sie bei Nichtgefallen wieder zurück, dann kaufen Sie eine silberne Servierzange. Und hält er Ihnen nicht die Tür auf, machen Sie sich zum Portier für ihn. Er wird es begreifen. Vielleicht nicht heute oder morgen, aber spätestens, wenn es ihm peinlich ist, neben Ihnen eine so schlechte Figur abzugeben.

Zu 3. Er will Sie ärgern

Aber warum bloß? Wenn Ihnen spontan kein Grund einfällt, dann müssen Sie ihn wohl oder übel fragen.

Ihr Mann isst mit Messer und Gabel, weiß, dass man sich die Nase nicht über dem Teller des anderen putzt und kann auch schon Menschen einander vorstellen. Trotzdem hat er aber immer noch die Möglichkeit, Sie vor Freunden, Bekannten, Verwandten und Kollegen zu blamieren.

Zum Beispiel durch Kulturschocks, die er Ihnen vor den Ohren anderer versetzt. Van Gogh hält er für einen Fußballspieler, das Wort »Vernissage« spricht er aus, wie man es schreibt, und das letzte Buch, das er gelesen hat, war »Homo Faber«. Im Deutschunterricht in der neunten Klasse. Dann werden Sie ihn nicht mehr in eine Kreuzung aus Marcel Reich-Ranicki und Harald Schmidt verwandeln. Ein wenig Entwicklungsarbeit können Sie aber leisten. Bringen Sie ihn dazu, kulturelle Luft zu schnuppern. Wie, das lesen Sie im Kapitel »Gute Zeiten, schlechte Zeiten«.

Hat er allerdings einen in Ihren Augen durchweg gruseliger Geschmack, was Filme, Fernsehsendungen, Musik angeht, werden Sie diesen nicht ändern können. Am besten üben Sie sich daher in Toleranz und bitten ihn, seine Vorlieben für sich zu behalten. Vor allem vor Ihren Bekannten. Machen Sie aber auch hier vorab den Freundecheck. Vielleicht sind ja Sie die mit dem ganz speziellen Geschmack.

Kommen wir zurück zu dem Mann beim Italiener mit den langen Tischen, also zu einem Menschen, der so viel Aufmerksamkeit einfordert, dass es unangenehm wird. (Evolutionsforscher meinen übrigens, Männer würden nach Beachtung gieren, um ihr Fortbestehen zu sichern. Wer bei den Frauen auffällt, kann sein Sperma besser verteilen. Schließlich wählen sie aus, mit wem sie sich fortpflanzen.) Es gibt Personen, die betreten einen Raum, und es scheint, als würde ein Scheinwerfer auf sie geschwenkt. Sie ziehen innerhalb von Sekunden das Gespräch an sich. Jeder findet sie amüsant und unterhaltsam. Der Mann beim Italiener gehört nicht zu ihnen. Aber wie alle Vordergrunddrängler würde er gern. Deshalb reden sie zu viel, zu lange, zu laut. Machen sich wichtig, prahlen mit ihrem Gehalt, dem neuen Sportwagen, ihrem angeblichen Einfluss. Für ein paar Blicke und ein bisschen Interesse von ihren Mitmenschen gäben sie ihr letztes Hemd und die Würde der Partnerin – dabei versprühen sie den Charme einer Kellerassel auf Ecstasy.

Ein leicht verständliches »Hey, du bist halt eher Typ Statist als Hauptdarsteller« funktioniert in solchen Fällen leider nicht. Im Gegenteil: Danach würde der Mann wahrscheinlich noch intensiver versuchen, Sie vom Gegenteil zu überzeugen. Man muss also tiefgründiger an die Sache herangehen: Warum tun diese Männer sich und ihren Mitmenschen das an? Zwei Möglichkeiten. »Vielleicht ist er einfach ein extrovertierter Typ ...«, meint Paartherapeutin Brigitte Hebel. Kritik bringe dann gar nichts: »Sei doch mal anders, geht nicht«, so Hebel. Oder es mangelt ihm an Selbstwertgefühl. Die Therapie: Komplimente machen, Komplimente machen, Komplimente machen. Und so penetrant loben, bis Außenstehende Sie für seinen Groupie halten.

Möglichkeit zwei betrifft übrigens auch Männer, die unter Menschen eine schlechte – oder sagen wir es ruhig ganz offen heraus – eine erbärmliche Figur machen, kein Rückgrat haben, vorm Chef zum Kriechtier werden und allen nach dem Mund reden. Und auch Männer, die vor dem Erzählen schlechter Witze nicht zurückschrecken, sind betroffen. In den meisten Fällen ist es Unsicherheit, wenn jemand seinen Humor mit brachialen Sätzen, wie »Kennt ihr den schon« oder »Kommt eine Frau zum Arzt«, entblößt. Ihm fehlt der Mut zur Situationskomik.

Referiert er Witze allerdings tatsächlich, weil es ihm Spaß macht, dann zeigen Sie bloß keine Reaktion. Blickt er nach einem Kalauer in ein Gesicht mit der Mimik, die Arnold Schwarzenegger in seinen »Äkdschen-Filmen« trägt, dann wird er wahrscheinlich aufhören, in Ihrer Gegenwart solche Scherze zu machen. Lässt er sich von Ihrem Pokerface nicht beeindrucken, dann weihen Sie Freunde ein. Einer soll nach seinen Witzen demonstrativ gähnen, der andere gelangweilt »Kenn ich schon« seufzen.

Gern gesellen sich bei geltungsbedürftigen Männern zu den schlimmen Witzen auch noch alberne Phrasen. Zur Begrüßung ein »Alles fit im Schritt?« oder ein »Hallöchen mit Öchen!«, zum Abschied »Tschüssikowski« und zwischendurch immer wieder mal »Alles paletti!«. Irgendwann hat er seine Lieblingssprüche so oft gesagt, dass er sie selbst schon gar nicht mehr hört.

Der einzige Weg zur Besserung: Penetrante Direktheit. Fragen Sie ihn, warum er eigentlich den einen oder anderen Spruch unaufhörlich wiederholt. Das sollte ihm deutlich machen, dass es für seine Sprachstörung keine Rechtfertigung gibt. Stellen Sie klar, dass Sie Phrasen nie wieder hören möchten. Es wird aber nicht reichen, ihn einmal darauf hinzuweisen, dass »So jung kommen wir nicht mehr zusammen« weder beim ersten noch beim zweihundertsten Mal lustig ist. Immer wieder, wenn er zum Beispiel »Teflon« sagt, wenn irgendwo ein Handy klingelt, äffen Sie ihn so schnell es geht nach – noch bevor er sich vor lauter Freude über seine putzige Art auf die Schenkel schlagen kann.

Und fragen Sie mal Ihren Partner, ob Sie vielleicht auch etwas zum Abgewöhnen haben. Denn das werden Sie. Vielleicht rutscht Ihnen kein verbaler Patzer wie »Noch so'n Spruch, Kieferbruch« raus, doch ich zum Beispiel versuche seit Jahren, nicht mehr »Sabbeljette« statt »Serviette« zu sagen. Jedes Mal, wenn ich meinen Freund frage, ob er auch eine Serviette haben möchte, passiert es mir wieder. »Sabbeljette«, als wäre ich sprachlich beschränkt. Das habe ich von meiner Oma, die dieses Wort bis heute auch nicht nicht sagen kann. Wissen Sie erst einmal von Ihren Unzulänglichkeiten, können Sie auch besser über seine hinwegsehen.

Wenn einem der Mann peinlich ist, dann muss der Grund nicht unbedingt eine One-Man-Show sein. Auf die Frage, ob sie sich manchmal für ihren Freund schämen würde, fiel meiner Freundin Tina die eine oder andere Gesprächsrunde ein, in der ihr Mann Malte sich im Ton vergriffen hat. Ihr gegenüber. »Dann patzt er mich plötzlich vor unseren Freunden an.« Nun könnte sie zurückkeifen. Macht sie aber nicht, denn sie ist schlau und vermeidet so ein offenes Wortgefecht. Das Problem später anzusprechen, wenn die beiden wieder zu zweit sind, bringe allerdings auch nichts: »Er streitet dann ab, unhöflich geworden zu sein.«

Vielleicht sollte sie einfach mal ein Aufnahmegerät laufen lassen, wäre mein Vorschlag dazu. Oder sich die Frage stellen, die Brigitte Hebel vorschlägt: »Was könnte ich gemacht haben, das ihn so aufgebracht hat? Wir Frauen sind gut darin, passiv-aggressiv und verletzend zu sein«, meint Hebel. Also vielleicht doch erst das Band und danach gemeinsam analysieren?

Von den verbalen Unannehmlichkeiten zu den fußfesten Problemen. Es gibt ja einige Frauen, die sich regelmäßig beschweren, dass ihr Mann nicht tanzen will (mehr dazu im Kapitel »Gute Zeiten, schlechte Zeiten«). Diese haben es bei weitem nicht so schwer getroffen, wie diejenigen, die einen beschwingten Partner mit steifen Hüften und ohne Rhythmusgefühl an ihrer Seite haben. Ihm dabei zuzusehen, wie er mit den Beinen stampft und mit den Armen den Hubschrauber macht, ist Fremdschäm-Folter.

Solch einen Ausdruckstänzer von der Tanzfläche fernzuhalten ist schwierig. Doch man kann die Situation entschärfen, indem man …

1. … noch auffälliger als er tanzt, um von ihm abzulenken. Geteilte Peinlichkeit ist halbe Peinlichkeit.
2. … ihn festhält, wenn er bei »It's raining men« die Tanzfläche stürmen will. Es gibt unmännliche Titel, zu denen sollte sich nicht einmal John Travolta bewegen. Drücken Sie ihm einen Drink in die Hand, verknoten Sie seine Schnürsenkel oder Ihre Finger in seine.
3. … versucht, ihn mit Paartanz zu bändigen. Hat man ihn

im Griff, kann er nicht wie eine Marionette unter Strom herumzappeln.

4. ... eng mit ihm tanzt. Beim Engtanz fallen Rhythmusfehler nicht so auf. Schwofen Sie übers Parkett, in kleinen Schritten. Vermeiden Sie Drehungen.

Um mit Punkt 3 und 4 erfolgreich zu sein, sollten Sie die Führung übernehmen. Vor allem, wenn er nicht führen kann. Außenstehende merken nicht, wer da wen schiebt. Oder Sie belegen einen Schnellkurs, zu dem Sie Ihren Meistertänzer nur ein Mal überreden müssen. Mit dem dort erlernten Discofox können Sie sich schon recht gut durchschlagen.

Egal, welche Peinlichkeit Sie versuchen zu bekämpfen: Sollte die Umerziehung länger dauern, kann man übergangsweise spontane Schamschutzmaßnamen einleiten. Vermeiden Sie zum Beispiel vorab Situationen, bei denen ein Peinlichkeits-GAU absehbar ist. Gehen Sie mit einem Mann, der nach Aufmerksamkeit giert, möglichst früh auf Partys, wenn er sich nicht in den Mittelpunkt spielen muss, da eh erst zwei Gäste da sind. Oder nehmen Sie ihn nicht mit ins Theater, wo er Ihren Freunden dann stolz erzählt, dass er bei dieser Aufführung nur einmal kurz eingenickt ist.

Zwei komplett unterschiedliche Strategien für den prompten Umgang mit peinlichen Momenten kommen von Seiten der Experten: Einige meinen, darüber zu reden, werde in der Regel als potenzierend empfunden. Es sei besser, Peinliches zu überspielen, so zu tun, als wenn es nicht passiert wäre.

Paartherapeutin Brigitte Hebel hingegen würde die Peinlichkeit lieber offen aussprechen, den anderen Anwesenden gegenüber – und zwar sofort. »O Gott, ist mir das unangenehm!« Das funktioniert aber nur vor guten Bekannten. Nicht wenn der Chef Ihres Mannes dabei ist und Sie ihn so bloßstellen. Freunde hingegen werden wahrscheinlich sagen: »So tragisch ist das doch gar nicht.« Entweder, weil sie es wirklich so meinen (denken Sie an die unterschiedlichen Schamgrenzen) – oder auch nur aus Höflichkeit. Das kann Ihnen in dem Moment aber ja egal sein. Hauptsache, Sie können so das farbliche Anlaufen Ihres Gesichtes erst einmal stoppen.

8. FRAUENFEINDLICHER SEX:
Zu oft. Zu wenig.
Falsch

Als mich Adrian bei meinem Vorstellungsgespräch in seiner Hamburger 4er-WG fragte, ob ich während unserer künftigen gemeinsamen Bäder denn auch auf dem Stöpsel sitzen würde, dachte ich nur: Lustiger Typ, aber schräger Humor – und lehnte dankend ab. Also den Stöpsel, nicht das Zimmer, in das ich kurz darauf einzog. Von dort aus beobachtete ich, dass Adrian tatsächlich allzeit bereit war, das Wasser einlaufen zu lassen. Und dass viele Frauen in der Regel gewillt waren, auf dem Stöpsel Platz zu nehmen. Schon nach dem ersten Monat konnte ich mir die Namen derer, die abends in der Wanne und morgens an unserem Frühstückstisch saßen, nicht mehr merken. Manchmal waren es drei pro Woche.

Wo er all die Tanjas, Maikes, Kristinas herhatte, frage ich mich bis heute. Wie er sie rumbekam, war hingegen offensichtlich. In unserem Kühlschrank lagerten stets eine Flasche Prosecco und eine Schale Erdbeeren. Adrian mit den dunklen Locken, der Intellektuellen-Hornbrille und den tief ausgeschnittenen, engen weißen T-Shirts war allem Anschein nach das, was die Frauen sich im Allgemeinen unter einem tollen Liebhaber vorstellten.

Die Entglorifizierung des Adrian K. fand in der Küche statt. Meine Mitbewohnerin saß mit fünf Freundinnen bei ein paar Gläschen Wein am Tisch. Ich weiß nicht mehr, wie es kam, aber irgendwann stellte die Erste fest, dass dies ja die Wohnung sei, in der dieser Adrian wohne. Dann führte das eine zum anderen (»Ach ja, hier wohnt der!«) – und plötzlich wurde klar: Dies ist nicht nur seine Wohnung, dies ist auch die Wohnung, in der er mit tatsächlich allen anwesenden Tischdamen schon einmal Sex hatte (»Was, du auch?!«). Doch es war nicht einfach nur Sex gewesen – sondern richtig schlechter Sex. Da waren sich alle einig.

Woran das lag? Da Adrians Bekanntschaften selten länger als eine Woche dauerten, blieb den Frauen zwischen dem ersten Hallo, dem Sprung ins Bett und dem Abserviertwerden wenig Zeit, um Anregungen für das gemeinsame Liebesleben zu äußern. Sex ist aber eine der Angelegenheiten zwischen Männern und Frauen, bei der die Frau, ohne etwas zu sagen, niemals bekommen wird, was sie will. Egal, ob der Mann nun zu lang, zu kurz, zu fest oder so mit Ihnen schläft, dass Sie kaum etwas davon mitbekommen: Verbesserungsvorschläge gibt es immer, man muss sie aber auch aussprechen.

Erotische Anregungen sollten allerdings niemals mit Manöverkritik verwechselt werden – oder etwa in eine Flut von Dauernörgelei ausarten. Wer wissen will, wohin das führt, braucht sich nur den Film »Was Frauen wollen« anzusehen, in dem Mel Gibson nach einem Stromschlag die Gedanken der Frauen hören kann. Eigentlich eine feine Sache. Doch nicht, wenn im Bett der weibliche Körper zum Minenfeld wird, auf dem nach jeder Berührung eine Beleidigung explodiert. Zu wildes Küssen, zu festes Reiben, zu kleines Genital. Am Ende sitzt Gibson verschreckt auf der Toilette und fragt seinen Penis, ob sie nicht sonst immer Spaß beim Sex gehabt hätten.

So weit sollte es nie kommen. Daher zunächst einmal Kommentare, die definitiv auf den Index gehören: »Das müssen wir aber noch ein bisschen üben« (am Anfang einer Beziehung), »Lass es uns hinter uns bringen« (wenn er noch mal loslegen will und Sie langsam müde werden), »Bist du schon drin?« oder »Der wird ja gar nicht hart« (bei Startschwierigkeiten). Selbst ein »Alles in Ordnung?« kann für totale Verunsicherung sorgen.

Einige Herren Sexforscher raten sogar ganz davon ab, viele Worte zu machen. Ihre Geschlechtsgenossen seien einfach keine großen Redner – daher offenbar auch keine großen Zuhörer – und vor allem äußerst empfindlich, wenn es um den Akt an sich geht. Selbst freundlichste Anregungen könnten schnell als kränkende Kritik verstanden werden, als Nachhilfeunterricht, als bittere Niederlage. Und dann haben Sie statt eines wilden Hengstes einen störrischen Esel im Bett – schlimmstenfalls sogar einen verschreckten Wallach.

Gemeint sind dabei wahrscheinlich Männer, die ihr Basiswissen über Sex aus Pornofilmen haben (und das dürften die meisten sein). Dort hat die Frau ja selten etwas zu beanstanden. Alles läuft reibungslos. Sie kommt immer. Zwischenrufe sind nicht eingeplant – und lösen im wahren Leben im Kopf des so konditionierten Mannes schwere Bedenken aus: Habe ich was falsch gemacht? Hatte sie schon mal einen anderen, der besser war? Sie können ihm daher nicht oft genug sagen, was für ein toller Liebhaber er ist. Und man muss auch keine Angst haben, dass er sich auf den Lorbeeren ausruht. Selbst wenn Sie Ihre Lobeshymnen schon penetrant und peinlich wie Paris Hilton finden, werden sie ihn weiterhin anspornen und er wird sie auch Jahre später noch auswendig aufsagen können.

Um die Zartbesaiteten im Bett nicht zu hemmen, so raten die bereits erwähnten Experten, sollte man es statt mit verbalen Anregungen besser mit positiver Verstärkung versuchen – also laut stöhnen, sobald er etwas richtig macht. Sicherlich nicht falsch. Doch ob das Vorspiel länger wird, nur weil man schnaubt wie eine Dampflok oder stumm bleibt wie ein Fisch? Fraglich. Und immer nur seine Hand und den Kopf an die richtigen Stellen zu führen fühlt sich irgendwann nach Augsburger Puppenkiste oder Hobby-Wrestling an. Nicht nach selbstbestimmtem Sexleben.

Manchmal sagt ein Wort dann doch mehr als 1000 Taten: Meine Mitbewohnerin Silke erzählte einmal, sie hätte mittendrin angefangen, die Ringe an der Gardinenstange über sich zu zählen, während der neue Bekannte wahrscheinlich fast geplatzt wäre, aber nicht vor ihr kommen wollte. Dabei war diese Option eh längst passé, und ein von ihr geflüstertes »Komm!« hätte den anstrengenden Samenstau verhindern können. Genau wie ein »Schneller!«. Manchmal rettet ein »Vorsichtiger« oder auch »Langsamer« die ganze Nacht.

Um aber die Bedenken einiger Sexualforscher nicht außer Acht zu lassen, kann man bei feinfühligen Männern erst einmal zwei sanfte Mitteilungsstrategien anwenden. Als Vorsichtsmaßnahme sozusagen. Strategie eins: Negatives positiv darstellen und vorab loben, was man sich beim nächsten Mal erhofft. Das klingt komplizierter, als es ist. Ein Beispiel: Nehmen wir an, Sie möchten, dass er Ihre Brüste beim Sex etwas fester anfasst. Nun können Sie, wenn Sie miteinander schlafen ein »Mach doch mal ein bisschen fester da!« einfordern. Damit gehen Sie aber das Risiko ein, dass er danach eine Therapie, zumindest aber Regenerationszeit braucht. Daher ist es besser, sie warten erst einmal bis nach dem Sex. Und dann loben Sie ihn dafür, dass er so toll zugepackt hat. Auch wenn das gar nicht der Fall war. Er wird es nicht bestreiten. Wenn Sie nun noch hinzufügen, dass er beim nächsten Mal ruhig noch etwas fester zupacken könne, wird er nicht nur stolz auf seinen vollbrachten Akt sein, er wird sich beim nächsten Mal darauf freuen, seine handfesten Griffe noch besser vorführen zu können.

Eine Freundin von mir hat diese Strategie in Bezug aufs Küssen bereits erfolgreich angewandt: Ein »Du hast heute so schön liebevoll geküsst« klingt im ersten Moment vielleicht seltsam, machte aus dem Knutschmonster mit feuchter und eindringlicher Zunge einen einfühlsamen Kusstechniker.

Strategie Nummer zwei ist für Frauen, die ein längeres und tiefgehendes Gespräch über Praktiken und Stellungen führen möchten. Dafür raten Experten, solle man dem Partner das Gefühl geben, man sei mit dem Sex zwar höchst zufrieden, würde sich aber Sorgen um sein Wohlbefinden machen. Denn: Wenn Sie ihm sagen, wie Sie es gern hätten, ist er deprimiert. Fragen Sie ihn, wie er es gern hätte, kann er damit sehr gut umgehen. Der Mann wird, wenn nicht völlig egozentrisch und ignorant, im Gegenzug wissen wollen, wie Sie sich den perfekten Liebesakt vorstellen. Im Fachjargon nennt sich so etwas: Für eine Win-win-Situation sorgen. Fragen Sie ihn also: »Was hättest du denn gern?« Allerdings müssen Sie dabei mit den Konsequenzen rechnen. Vielleicht entpuppt sich Ihr Liebster als prüder Langweiler – oder auch als fetischistisches Ferkelchen.

In beiden Fällen liegt es in Ihrer Hand, ihn anzufeuern – zum Beispiel durch Loben nach Strategie 1 – oder zu bremsen. Ein klares »Nein« zu Fesselspielen oder einem Dreier ist keine Kritik, sondern Ihre Haltung, die er akzeptieren muss. Schwierig wird es bei Männerträumen, die möglicherweise etwas für Sie Ekeliges an sich haben. Wie lehnt man zum Beispiel charmant das Schlucken von Sperma ab? »Das ist ja widerlich!«, klingt irgendwie immer unfreundlich, und die Ausrede »Aber doch nicht als Veganerin« haben einfach nicht viele.

Eine ganze Episode der Serie »Sex and the City« drehte sich bereits um diese spezielle Form von Schluckbeschwerden. Und die Lösung war nicht, ihm den Spaß auszureden, sondern den Mann – oder besser gesagt sein Sperma, so zu verbessern, dass es von der Geschmacksrichtung »widerlich« zu immerhin »ganz o.k.« wechselt.

In »Sex and the City« war dies ein eher aufwendiges Unterfangen. Samantha rannte durch ganz New York auf der Suche nach irgendwelchen Algen. Davon einmal abgesehen, dass man solche Mittelchen in Castrop-Rauxel oder Pinneberg gar nicht findet, ist alles, was man braucht, um Geruch und Geschmack positiv zu verändern, Schokolade und Ananas. Außerdem müssen Zigaretten, Kaffee und Fleisch für ihn davor tabu sein. Also, sollten Sie sich die Sache an sich vorstellen können, dann setzen Sie ihn auf Schoko-Ananas-Diät. Und vergessen Sie danach nicht die Win-win-Situation …

Möglicherweise sind ja auch Sie der Part mit den ausgefallenen Wünschen in Ihrer Beziehung. Wie bekommen Sie dann Ihren Mann dazu, einen Fetisch mit Ihnen zu teilen? Man sieht es in Nachmittagstalkshows und Sexratgebern: Dort wird über Peitschenhiebe und Zehenlutschen so offen gesprochen, als ginge es darum, mal zusammen Marmelade einzukochen oder ein neues Nudelsaucenrezept auszuprobieren.

Aber wie fragt man wirklich danach – ohne ihn zu schockieren und selbst rot anzulaufen? »Zunächst einmal wartet man am besten damit, bis die Beziehung stabil ist«, rät der Sexualtherapeut Volker van den Boom in der Zeitschrift Neon. »Bei 20- bis 30-Jährigen ist das nach drei bis sechs Monaten der Fall.« Man müsse seinem Partner vertrauen können und keine Angst davor haben, dass er am nächsten Tag seinen Freunden erzählt, dass man in Lack und Leder weniger Catwoman als vielmehr einer Grützwurst ähnelt. »Beginnen sollte man mit Andeutungen«, so van den Boom. »Oder man spricht über eine Filmszene, die einen erregt hat.« Wenn das nicht hilft, bleibe nur das offene Gespräch. Schließlich können Sie ja nicht wie in Strategie eins lobend erwähnen: »Schatz, die Peitschenhiebe waren ganz hervorragend«, wenn beim Sex gar keine Peitsche in der Nähe war. Wichtig ist allerdings, dass Sie Ihren Fetisch nicht zum ersten Mal im Bett zum Thema machen. Sonst wird der Mann dort womöglich nur starr vor Schreck und nicht vor Lust.

Generell ist reden mit dem Partner gut, reden mit anderen über den Sex mit dem Partner jedoch grenzwertig; reden mit anderen über den Sex mit dem Partner, während der Partner dabei ist, absolutes Tabu. Vielleicht werden Sie sich nun wundern: Wer macht denn auch so was? Ich habe es schon erlebt. Eine meiner Mitbewohnerinnen kam morgens aus ihrem Zimmer gestürmt, hinter ihr der damalige Freund. Sie war sehr erregt. Leider nicht wegen einer vorausgegangenen Liebesnacht, sondern weil es keine gegeben hatte. »Er will keinen Sex, nur weil ich meine Tage habe.« Ich legte das Käsebrötchen aus der Hand, versuchte mich erst einmal in seine Lage zu versetzen. Ich fand die Vorstellung auch nicht verlockend. »Aber das ist doch ein Teil von mir«, empörte sie sich. »Ein Popel ist doch auch ein Teil von dir – und keiner will den sehen«, sagte ich und biss widerwillig in mein Käsebrötchen. Solche Themen ge-

hören nicht auf den Frühstückstisch einer dritten Person.
Die Beziehung war recht schnell vorbei.

Eine weitere Situation, in der Sie besser den Mund halten
sollten: Der Mann kommt zu früh. Verkneifen Sie sich bitte
jeden Kommentar. Ist er nicht total beschränkt in seiner
Wahrnehmung, wird er von allein merken, dass die zwei
Minuten nicht die Nacht Ihres Lebens waren. Sie müssen
es ihm also nicht noch unter die Nase reiben. Nein, fangen
Sie nicht an zu nörgeln, schauen Sie nicht enttäuscht, und
drücken Sie um Gottes Willen kein Mitleid aus. Das hat er
gerade schon genug mit sich selbst.

Zu früh kommen ist zudem meist eine Gewöhnungs-
sache. Also nicht, dass Sie sich daran gewöhnen sollen,
sondern der Mann sich erst an Sie. Befinden Sie sich am
Anfang einer Beziehung, ist jedes Treffen noch so aufregend, dass nicht nur die Schmetterlinge im Bauch durch-
drehen. Nehmen Sie es als Kompliment: Der Mann könnte
wahrscheinlich nicht mal an sich halten, selbst wenn ihre
Reizwäsche aus einer Jogginghose und einem Flauschpulli
bestehen würde.

Ist man dann erst einmal lange genug zusammen, löst
sich das Problem meist von selbst. Und ein neues kommt
auf: Wie kriegt man den Mann dazu, dass er einen in Ruhe
lässt, wenn er gerne will, man selbst aber gerade nicht?
Sie könnten Kopfschmerzen vorschieben oder einen Streit
vom Zaun brechen: Bestimmt hat er zu wenig im Haushalt
geholfen, im Stehen gepinkelt, da findet sich schon was.
Effektiver, weil vorausschauender, ist ein anderes Vorgehen. Wenn Sie generell weniger Sex haben wollen, seien
Sie kooperativ. »Wenn ich einer Freundin versprochen
habe, sie abends auf einer Party zu treffen, habe ich oft
auch keine Lust. Bin ich aber erst mal dort, ist es meistens

doch ganz nett«, rät die Aachener Sexualwissenschaftlerin Ulrike Brandenburg.

Jetzt werden bei den Alice Schwarzers dieser Welt die Alarmglocken angehen: Was? Das ist ja wie zu Zeiten, als Mutti den Vati fürs Haushaltsgeld bei Laune halten musste! Deshalb ist dieser Vorschlag auch nur etwas für Frauen, die so emanzipiert sind, dass sie gerade gar nicht wissen, wer mit Mutti und Vati, geschweige denn, was mit Haushaltsgeld gemeint ist. Wenn Sie öfter bereit sind, Sex mit ihm zu haben, seltener nein sagen, werden Sie merken, dass er automatisch seltener fragen wird. Auch sein Drang nach Sex lässt nach, wenn er nicht ständig darum betteln muss. »Wenn ein Mann jenseits der Pubertät plötzlich jeden zweiten Tag Sex haben müsste, wäre das auch für ihn zu viel – und er hätte dann die Migräne«, so Jakob Pastötter, Präsident der Deutschen Gesellschaft für Sozialwissenschaftliche Sexualforschung.

Ein kleiner Exkurs weg vom Männerverbessern hin zu Veränderungen an Ihnen: Nehmen wir an, Sie möchten eigentlich gern mehr Sex, können sich aber nicht so richtig aufraffen, sind zu müde oder zu gestresst, die Kinder, der Job, der Haushalt. Dann gibt es noch einen Trick, mit dem Sie sich selbst in Stimmung bringen können. Es ist eine Denkaufgabe: Erinnern Sie sich an guten Sex. Wann hatten Sie den das letzte Mal? Idealerweise war es mit dem Mann, mit dem Sie auch jetzt vorhaben zu schlafen. Wenn nicht, auch egal. Die Aussicht auf Wiederholung kann so oder so verführerisch sein.

Natürlich gibt es auch die umgekehrte Variante: Der Mann hat selten Lust. Und mit selten meine ich nicht, dass der Sexdrang im Laufe einer festen Beziehung auch bei ihm sinkt. Nach ungefähr eineinhalb bis zwei Jahren stellt sich sein Körper um und produziert weniger Sexualhormone als davor. Nein, ich spreche von einer Kopulationshäufigkeit, die sich auf Jahres- und Geburtstage beschränkt – und das über einen längeren Zeitraum hinweg. Das ist ungewöhnlich, und die Ursachen sind möglicherweise ernstzunehmende physische oder psychische Probleme – um die es aber hier nicht gehen soll. Darum müssen sich Experten kümmern.

Will er jedoch, obwohl körperlich und geistig fit, partout nicht, gibt es folgende Möglichkeiten. Manche Paartherapeuten behaupten, die Emanzipation der Frau könne ein Grund für die Unlust des Mannes sein. Das gewachsene Selbstbewusstsein der Partnerin verunsichere ihn. Deshalb flüchte er lieber in die Selbstbefriedigung und Internet-Sex. Therapievorschlag: Darüber reden. Geht ja immer. Und wahrscheinlich hilft es auch, wenn man ihn beim Akt nicht wie eine Amazone zu Boden ringt oder ihn unter Leistungsdruck setzt (dazu später noch einmal mehr). Sind Verunsicherung und Versagensängste nicht das Problem, geht die Beziehung meist entweder dem Ende zu, oder er hat schon – soll heißen: Eine andere Frau ist im Sexspiel. Können Sie beides ausschließen, die Gründe für seine Unlust sind nicht aus ihm herauszubekommen und all Ihre Verführungskünste bringen auch nichts, dann seien Sie pragmatisch. Legen Sie sich einen Vibrator als Zwischenlösung zu und haben Sie Sex wie ein Mann – oder zumindest wie ein Adrian: Schnell, mechanisch, erfolgsorientiert – und ohne große Gefühlsduselei. Das kann auch mal schön sein.

Aber kommen wir zurück zum Sex zu zweit und wie Sie den Mann nicht ersetzen, sondern verbessern können. Kürzlich las ich einen interessanten Tipp der amerikanischen Autorin Tracey Cox, die Bücher wie »Supersex« und »Hot Sex« geschrieben hat. Es ist ein einfacher Handgriff für den Mann, aber mit großer Wirkung für die Frau. Alles, was er tun muss, ist, den unteren Teil ihres Bauches ein wenig zu massieren, wenn sie dem Höhepunkt entgegensteuert. »Dadurch wird auch der innen liegende Teil der Klitoris stimuliert«, so Cox. Die Orgasmus-Statistik, die besagt, dass Frauen nur bei jedem dritten Mal zum Höhepunkt kommen, soll so nach oben schnellen.

Auch wenn es in diesem Kapitel nicht darum gehen soll, wie Sie Machtspiele mit und ohne Fesseln veranstalten oder den Liegenden Lotus richtig ausführen, sondern darum, wie Sie kriegen, was Sie wollen, sei zu Ratgebern nur so viel gesagt: Sie können prima Gehilfen sein, um mit Männern ins Gespräch über Sex zu kommen. Und will er partout nicht reden, können Sie ja immer noch »strenger Professor, böse Studentin« damit spielen. Generell ist es aber ratsamer, das wahre Sexleben zu studieren – zum Beispiel in einer Wohngemeinschaft –, als Magazine oder Ratgeber zu lesen, die einen im besten Falle verwirrt und im schlimmsten mit Bandscheibenvorfall zurücklassen.

Bücher wie »Stöhnst du noch, oder kommst du schon«, »Die perfekte Liebhaberin« oder »Multi-Orgasmus-Sex, in drei Tagen« können böse Folgen haben und dem Leser einreden, Beischlaf sei keine entspannte Freizeitbeschäftigung, sondern ein harter Bettkampf. Bücher, Filme, Zeitschriften, Fernsehen: Überall geht es um Kopulationsfrequenz, um Tripel-Orgasmen, viagragestärkte Dauererektionen, und es wird ernsthaft darüber diskutiert, ob Geschlechtsverkehr stehend im Wasser aufregender ist als liegend auf der Erde oder kniend in der Luft. Wer traut sich da noch, einfach miteinander ins Bett zu gehen?

Doch das Schlimmste, was Sie tun können, ist, Ihren

Partner mit solch aufgehypten Vorstellungen vom perfekten Liebesleben unter Druck zu setzen. Sagen Sie, was Sie wollen – und nicht was andere denken, das Sie sollten. Ernsthafte Sorgen darüber, dass Sie unter Sex-Stress leiden, sollten Sie sich machen, wenn Sie eine Stoppuhr auf dem Nachttisch liegen haben und die Beischlaf-Tage rot im Kalender markieren. Auch wenn niemand mittelmäßigen Geschlechtsverkehr haben will, sind Statistiken manchmal doch beruhigend. Also, zur Entspannung: Laut Sexreport 2008 fallen Paare, die länger als drei Jahre zusammenleben, nicht in jeder freien Minute zwischen Einkaufengehen und Elternabend übereinander her – sondern ein Mal pro Woche. Die durchschnittliche Dauer von Vorspiel und Geschlechtsverkehr liegt, so die aktuelle Studie des Kondomherstellers Durex, zusammengerechnet bei 36 Minuten. Und man bedenke, dass solche Zahlen von den Umfrageteilnehmern gern geschönt werden. Außerdem sollte die halbe Stunde doch zu schaffen sein. Falls nicht, kann man sich ja etwas mehr Zeit beim Ausziehen und Einschlafen lassen.

Häufig existieren Bettprobleme sowieso nur im weiblichen Gehirn. Haben Sie sich selbst schon mal sagen hören: »Schaaaatz, unser Sexleben ist gar nicht romantisch« oder »Schaaaatz, unser Sexleben ist gar nicht mehr so spontan wie früher« oder »Schaaatz, mir fehlt die Abwechslung«? Erst einmal zur Romantik: Frauen und ihre Vorstellungen vom perfekten Liebesleben, das so nur in Filmen existiert, können Männer in den Wahnsinn treiben. Will er für ein paar Streicheleinheiten keinen Kuschelrock auflegen, keine Kerzen anzünden, damit ein Fünkchen im Bett überspringt – akzeptieren Sie es: Das ist kaum eines Mannes Sache. Wenn es Ihnen so wichtig ist, kümmern Sie sich doch einfach um die Beischlafkulisse aus Flackerlicht und Weichspülklängen. Er wird sich nicht beschweren. Aber erwarten Sie nicht auch noch, dass er Ihr Klischee bedient.

Und sich darüber zu beklagen, dass der Sex nach ein paar Jahren nicht mehr spontan sei wie am Anfang, das ist so unlogisch, wie in Afrika Keuschheit statt Kondome zu predigen. Wenn Sex geplant ist, dann doch wohl bei den ersten Malen. Schon Tage vorher überlegen die Beteiligten, wo es passieren soll und was man dabei für Unterwäsche tragen wird. Also: »Schatz, heute Abend Sex? So gegen neun Uhr. Passt mir gut.«

Fehlt Ihnen die Abwechslung im Bett? Dann nörgeln Sie nicht rum, sondern tun Sie was. Langeweile im Alltag sorgt für Langeweile im Bett. Haben Sie Rituale? Sie brauchen zum Abschminken jeden Abend exakt 20 Minuten im Bad. Währenddessen liegt Ihr Mann im Bett und liest ein paar Seiten, bis Sie fertig sind. Später zappen Sie gemeinsam noch kurz bei Stefan Raab rein. Und dann folgen die immer gleichen Signale, um den Geschlechtsakt einzuläuten? Da muss der Sex ja zwangsläufig vorhersehbar sein. Also besser: Sie werden unberechenbarer. Zunächst einmal schmeißen Sie den Fernseher aus dem Schlafzimmer. Er ist Liebestöter Nummer eins. Dann gehen Sie abends nicht immer zuerst ins Bad, sondern werfen Sie sich in Dessous oder gehen Sie gleich nackt ins Bett. Verlassen Sie das Haus und buchen Sie eine Nacht im Hotel. Von mir aus setzen Sie sich ein Häubchen und Ihrem Mann einen Bauarbeiterhelm auf, wie es diverse Sexratgeber empfehlen. Egal, Hauptsache, Sie ändern etwas.

Umfragen, auch die nicht repräsentativen im Freundeskreis, haben übrigens ergeben: Sex wird mit der Zeit immer besser. Am Anfang ist er selten gut. Während die Frau sich Sorgen macht, ob sie dem Mann nackt im Bett wohl genauso gut gefällt, wie angezogen an der Bar, befürchtet er, nicht so standhaft und kreativ wie sein Vorgänger zu sein. Wenn es also nicht gleich klappt, ist das nicht das Ende. Bis auf das ein oder andere Naturtalent braucht jeder Mann mindestens ein paar Wochen Einspielzeit. Manche Befragte meinten sogar, erst nach ein, zwei Jahren sei es am besten gewesen.

Wenn die Chemie grundsätzlich stimmt, ist anfängliche Beischlaf-Inkompatibilität also ein völlig unzureichender Trennungsgrund. In allen anderen Kapiteln dieses Buches finden sich bessere Anlässe, um einem Mann den Laufpass zu geben. Gedanken um die Qualität Ihres Sexlebens sollten Sie sich nur machen, wenn Sie sich auch nach Monaten des Redens und Stöhnens immer noch an der ganzen Sache unbeteiligt fühlen und Ihre Gedanken sich dabei nicht um Lust und Leidenschaft, sondern um die Wäsche, die morgige Konferenz oder die Frage drehen: Verdammt noch mal, was mache ich hier eigentlich? Wenn ein grobmotorischer Duracell-Hase unentwegt auf Ihnen herumhoppelt, bleibt wirklich nur noch ein Ausweg: die Tür.

FÜR PROFIS

9. ICH HEIRATE SEINE FAMILIE: Überleben mit der ganzen Sippe

Auf die Frage, ob sie sich mit ihren Schwiegereltern gut verstehe, erzählte mir meine Freundin Ruth, wie sie die Mutter ihres Mannes zum ersten Mal traf: nackt auf einer Leiter beim Kirschenpflücken. Also nicht meine Freundin war nackt – sie hatte sich für das erste Familientreffen ordentlich angezogen –, die Mutter hingegen trug nur einen Früchtekorb.

Dazu sollte man wissen: Die Familie von Ruths Mann stammt aus Ostdeutschland. Das Kennenlernen der neuen Schwiegertochter fand auf einem Bauernhof in Mecklenburg-Vorpommern statt. Und ganz nach ostdeutscher Freikörper-Manier hatten Eltern, Oma, Opa und Schwager sich an diesem heißen Sommertag ihrer Klamotten entledigt, als das junge Paar im Auto vorfuhr. »Ich habe gleich zu meinem Freund gesagt, dass ich nicht aussteige, bis sie sich etwas angezogen hat.« Er ging also zum Kirschbaum und gab Bescheid. Doch statt ins Haus zu eilen und sich etwas überzuwerfen, baute sich die Mutter vor dem Wagen auf: »Nun komm mal raus da, du prüder Wessi, und gib mir die Hand.«

Was Ihnen diese Episode beim Zusammenleben mit der Familie Ihres Freundes bringen soll? Gelassenheit. Wer sich für einen Mann entscheidet, weiß nie, wen er dazubekommt. Die Kombinationsmöglichkeiten können integrativer sein als Schulen in Berlin-Kreuzberg. Dabei muss nicht gleich ein prüder Wessi auf missionarische FKKler treffen. Manchmal reicht es auch schon, wenn die Frau aus dem spröden Schwaben und der Mann aus dem offenherzigen Rheinland kommt. Eine Freundin von mir stammt aus Stuttgart, ihr Mann aus Köln, und fast immer, wenn seine Eltern zu Besuch waren, gibt es danach Aufregendes zu berichten. Besonders freigeistig fand ich die Eigenart seiner Mutter, sich auf Ausflügen zum gemeinsamen Pinkeln neben meine Freundin in den Busch zu hocken und ein launiges Gespräch zu beginnen. Dabei bringt schon weniger Intimes, wie die Tatsache, dass der Schwiegervater wagen wollte, ihren Babybauch zu streicheln, meine Freundin völlig aus der Fassung.

Die Erkenntnis, dass sich so manche Schwiegertochter in der Familie ihres Mannes so fehl am Platz fühlt wie Mickey Mouse an Halloween on Elmstreet, kann ungemein tröstlich sein – und auch hilfreich. Denn nicht nur geteiltes, auch verglichenes Leid ist halbes Leid.

Wobei einem bei Schwierigkeiten mit der Schwiegersippe der Vergleich sowieso weit mehr bringen dürfte, als der Versuch, das Leid mit dem Partner zu teilen. Natürlich kann man mal nachfragen, ob der Mann es nicht auch befremdlich finde, dass sein Großvater Homosexualität für eine Krankheit hält, wie er zu den Schmissen im Gesicht seines Bruders steht und ob es ihn eigentlich stört, dass seine Cousine Becks Gold für einen Meilenstein der Frauenbewegung hält. Mit frontaler Kritik sollte man aber vorsichtig sein. Schließlich ist Blut immer noch dicker als Wasser, und das eigene Blut hat mit dem des Mannes nun mal weniger gemein als seines mit dem seines Opas, Bruders und – auch wenn man es nicht wahrhaben möchte – der dummen Cousine.

Vor allem wenn es um Mutter und Vater geht, werden selbst Söhne, die genau wissen, dass sie von Ekel Alfred und Peggy Bundy aufgezogen wurden, zu edlen Familien-rittern. Ganz instinktiv neigen Kinder dazu, ihre Erzeuger gegenüber anderen in Schutz zu nehmen.

Auch Ruths Mann ist durchaus bewusst, dass der Groß-teil der Menschheit nicht nackt auf Bäumen hockt. Trotz-dem lacht er weniger über die entblößten Eltern als über die Prüderie seiner Frau. Womit wir bei der Hauptthese dieses Kapitels wären: Wenn Sie die zum Mann mitgelie-ferte Familie schwierig oder sonderbar finden, dann ist das ihr Problem, weniger seins. Leider.

Nun können Sie einfach versuchen, mit der neuen Ver-wandtschaft zu leben, so gut es eben geht. »Man gewöhnt sich daran, dass der Schwiegervater schon mal die Tür in Unterhosen aufmacht«, sagt Ruth. Und auch daran, dass man als Quoten-Wessi der Running Gag auf jeder Zusam-menkunft ist. Nur gegen den mehrfach geforderten Sau-nabesuch mit der ganzen Familie hat Ruth sich bis heute standhaft gewehrt.

Noch besser, als abzuwehren und auszuharren, ist natür-lich: Man unternimmt etwas. Entscheidende Maßnahmen können bereits vor dem ersten Aufeinandertreffen einge-leitet werden. Begeben Sie sich also nicht unbedarft ins Krisengebiet Familienfeier. Das Ganze muss man sehen wie eine Mission. Das Ziel: Eltern, Geschwister, Tanten und Onkel, Nichten und Neffen Ihres Mannes, alle sollen Sie danach selbst zur Frau haben wollen. Das wäre perfekt. Nicht frustriert und betrunken am Tisch einzuschlafen, ist aber auch schon was.

Informant an Ihrer Seite ist dabei Ihr Mann. Checken Sie mit ihm die fremdfamiliäre Lage. Ist sie eher steif oder lo-cker? Wird geduzt oder gesiezt? Nicht, dass Sie Ihre neue Schwiegermutter gleich zu Boden herzen, wenn diese weit von dem Wunsch entfernt ist, Ihre beste Freundin zu werden. Und auch ein überfordertes Zögern, wenn Schwiegerpapa mit Ihnen und einem Schnäpschen Bruderschaft trinken will, senkt die Stimmung.

Ganz wichtig für den Familienfrieden: Orten Sie mit dem Freund Fettnäpfchen und Tabuthemen. So sollte er vorab verraten, dass seine Schwester Konstanze nicht schwanger ist, sondern immer diesen Bauch vor sich herträgt. Dass Familienmitglied Alex trotz Oberlippenbart und zusammengewachsenen Augenbrauen nicht Cousin, sondern Cousine Alex ist. Und dass niemand, der Onkel Hubert nach dessen Job fragt, unter vier Stunden Informatikmonolog aus dem Gespräch rauskommt. Überlegen Sie sich dafür lieber Alternativ-Plauderstoff, mit dem man bei der Verwandtschaft punkten kann.

Auch der richtige Zeitpunkt für das erste Aufeinandertreffen ist entscheidend. Ganz wichtig dabei: Nichts überstürzen. Zum einen muss der Beziehungsstatus zwischen Ihnen und Ihrem neuen Freund hundertprozentig geklärt sein, bevor Sie sich in die Nähe seiner Familie begeben. Zum anderen sollte die Ex Ihres Freundes zumindest so weit in Vergessenheit geraten sein, dass Sie nicht ständig mit deren Namen angesprochen werden. Und finden Sie heraus, wie das Verhältnis zwischen seinen Verwandten und Ihrer Vorgängerin war. Wünscht man sie sich zurück? Dann müssen Sie Ihr Allerbestes geben. Strahlen, lächeln, Hände schütteln – und trotzdem werden Sie, obwohl Sie es verdient hätten, kein Ehrenabzeichen oder eine Tapferkeitsmedaille verliehen bekommen. Aber immerhin wissen Sie, warum.

Vielleicht war die Ex aber auch so gruselig, dass die Familie einen bleibenden Schaden und Angst vor Fremden davongetragen hat. Dann halten Sie sich lieber zurück und warten freundlich lächelnd ab, bis man auf Sie zukommt.

Da es wichtiger ist, sich mit den Schwiegereltern gut zu verstehen, als die beste Freundin seiner Großtante zu werden, konzentrieren wir uns nun auf die Erzeuger des Mannes. Auch hierbei zählt: Vorsprung durch Wissen – auf beiden Seiten.

Von dem ersten kurzen Gespräch mit dem Vater meines Freundes, prinzipiell ein freundlicher Mann, erinnere ich mich an zwei Sätze sehr genau: »Der Sohn unseres Nachbarn kommt jeden Sonntag zum Kaffeetrinken.« Und: »Wir fahren seit 20 Jahren in eine kleine Pension auf Juist. Da müsst ihr mal mitkommen.« Warum hatte bloß keiner dem Vater verraten, dass eingeforderte Nähe und spontane Herzlichkeit von Menschen, die ich kaum kenne, bei mir zu einer lang anhaltenden Abwehrreaktion führen? Die Wahrscheinlichkeit, dass wir jemals zusammen in den Urlaub fahren werden, kommt der einer Sonnenfinsternis gleich, und allein der Gedanke an sonntägliche Kaffeekränzchen im Haus der Eltern löst bei mir bereits Beklemmungen aus.

Womit wir bei einem der wichtigsten Themen wären: Elternzeit. Nicht jene, die Sie sich dank Frau von der Leyen nehmen dürfen. Sondern die, die Sie mit der Fürsorge für Ihre Schwiegereltern verbringen sollten. Auch wenn Eltern gern so tun, als gäbe es einen Betreuungsschlüssel, an den man sich halten müsste. Es gibt keinen. »Die Zeiten, in denen der Familienverbund im Zentrum stand, sind vorbei. Heute entscheidet das Paar, wie viel Kontakt es möchte, außer man will erben«, können Sie den Psychologen Michael Mary zitieren, wenn Ihr Mann Sie schon wieder in eine Reihenhaussiedlung bei Pinneberg schleppen will. Natürlich sollte man versuchen, dem Partner entgegenzukommen. Doch die Häufigkeit von Elternbesuchen ist persönliche Ansichtssache und sollte nicht erzwungen werden. »Können Sie sich gar nicht einigen«, rät Mary, »fahren Sie einfach zu Ihren und er zu seinen Eltern.« Allein. Und ohne schlechtes Gewissen.

Auch für den Familienfrieden zu lügen, sei dabei in Ordnung. Wer nicht mitwill, findet immer einen Grund, nicht zu müssen. Vorschieben kann man alles, vom Treppenhausputzdienst bis zur Allergie gegen den Fusselteppich im Haus der Schwiegereltern. Um den Besuch zu verkürzen, können verwirrte Haustiere angeführt werden. Ein Verwandter von mir schiebt seine Nachtblindheit beim Autofahren vor, um vor Einbruch der Dunkelheit Familienfeste zu verlassen.

Wollen Sie regelmäßige Familienzusammenführung, aber der Mann streikt, dann denken Sie an Coke Zero: das Leben, wie es sein sollte. 1. Überreden Sie Ihre Mutter, all seine Lieblingsgerichte zu kochen. Auch Schwiegerelternliebe geht durch den Magen. 2. Schlafen Sie nicht auf der ausziehbaren Couch in Ihrem alten Jugendzimmern, sondern nehmen Sie ein Hotel – auch wenn das die Eltern erst einmal vor den Kopf stößt. 3. Und machen Sie Pläne, Pläne, Pläne. Wohnen Ihre Eltern zum Beispiel in einer Stadt mit Bundesligaverein – Bingo!

Aber nicht nur die physische Anwesenheitspflicht muss geklärt sein. Auch die Fernsprechtermine mit beiderseitigen Eltern. Einmal die Woche dürfte reichen. Hierbei hat sich der Sonntagnachmittag bewährt – zwischen einem späten, ausgedehnten Frühstück und dem Tatort ist genug Zeit für Gespräche über die Wochenendaktivitäten der Eltern (»Die Nachbarn waren da, du weißt schon, die mit dem Sohn, der jeden Sonntag zum Kaffeetrinken kommt«), ihre Krankheiten (»Auch wir werden nicht jünger«) und die von ihnen gern eingeforderte Familienplanung (»Wo bleiben denn unsere Enkel? Ich kenne einen guten Urologen«). Da Frauen in der Regel die – sagen wir – kommunikativeren Wesen sind, haben sie meist schon den Hörer in der Hand, bevor er überhaupt realisiert hat, dass es klingelt. Und somit übernehmen sie meist nicht nur die Ohr wärmenden Plaudereien mit ihren, sondern auch mit seinen Eltern. Es mag Frauen geben, denen das nichts ausmacht. Sollten Sie nicht zu ihnen gehören, schaffen Sie sich ein Telefon mit Rufnummernanzeige an …

Sollten Sie sehen, dass seine Eltern anrufen und auf Ihr »Schaaatz, deine Eltern sind dran« nur ein »Kann grad nicht, mach du!« zurückbekommen, können Sie die Gesprächsdauer ganz leicht abkürzen: Reden Sie einfach über den letzten Film, den Sie im Kino gesehen haben, über Ihren stressigen Job oder das Buch, das Sie gerade lesen. Solche Themen werden Eltern in der Regel schnell langweilig, und Sie können mit einem baldigen »Gib mir doch mal meinen Sohn« rechnen.

Wenn man sich zusätzlichen Telefonstress ersparen will, verbietet man seinem Mann, sich eine Webcam für Bildtelefonate zuzulegen. Denn hat er eine, wird er es seinen und womöglich auch Ihren Eltern erzählen – und über kurz oder lang wollen alle eine. Haben dann alle eine, geht kein Telefonat mehr schnell über die Bühne, sondern wird zu einem langwierigen Akt. Ich spreche aus Erfahrung: Es beginnt meist am Freitag, mit einer Mail von einem Vater: »Hallo, wir habe gerade versucht, euch anzurufen. Wollen wir nicht mal wieder skypen?« Mail zurück: »Lieber Sonntag«. Am Samstag kommt dann eine SMS: »Morgen skypen nicht vergessen.« Dann am Sonntag der Anruf: »Wollen wir jetzt gleich mal skypen.« Dann wird aufgelegt und am Rechner weitergemacht: Rrrrrzzzwwwwww, tuuuut, tuuuut, tuuuut. »Hallo. Hallo, könnt ihr uns hören?« Eine

Frage, die meist noch bejaht werden kann. »Aber wir können euch gar nicht sehen!« In diesem Moment verlasse ich meist den Raum, mich sieht ja eh keiner. Und kehre erst zurück, wenn die technischen Probleme behoben wurden. Wie das geschieht, ist mir daher unbekannt. Aber es vergeht immer mindestens so viel Zeit, dass bereits die Tatortmelodie ertönt, und statt sich mit der Verfolgung des Mörders zu beschäftigen, befindet man sich in einem Verhör, das zu nichts führt: »Ah, jetzt sehen wir euch. Sitzt ihr im Wohnzimmer?«, freut sich die andere Seite. »Hallo, winkt doch mal!«, fordert die andere Seite (einem Laptop zuzuwinken ist albern). »Hast du die Haare abgeschnitten?«, fragt sich die andere Seite (weil man Zopf trägt). Da ein Telefonat zu viert nicht weiter in die Tiefe geht, endet das Gespräch dann meist so schnell, dass man immerhin noch einen Teil der Täterfahndung beim Tatort verfolgen kann. Also bitte, Bildtelefone von Eltern und Schwiegereltern fernhalten!

Die Person, die einem all die schön aufgestellten Regeln ganz einfach über den Haufen werfen kann, ist seine Mutter. Wer einmal in die Welt des Schwiegermutterterrors eintauchen will, sollte sich ins Internet einklinken und Forenbeiträge wie »Darf man seine Schwiegermutter wegen seelischer Grausamkeit verklagen?« oder »Frauen, sucht euch Waisen oder Halbwaisen« studieren. Das längst totgeglaubte Klischee der bösen Schwiegermutter scheint immun gegen den Feminismus wie eine Kakerlake gegen atomare Strahlen zu sein. Sogar Witze wie »Warum kommen Schwiegermütter nicht in den Himmel? Weil Drachen nicht höher als 100 Meter fliegen« werden noch online erzählt. Und einer Selbsthilfeinitiative für Frauen, die die Schwiegermutter für ihre Minderwertigkeitskomplexe verantwortlich machen, mangelt es nicht an Mitgliedern. Bei einer GEWIS-Umfrage unter 1425 geschiedenen Frauen nannten immerhin acht Prozent die Mutter des Mannes als Grund für die Trennung. Und man will sich nicht vorstellen, wie viele Ehen ihretwegen gar nicht erst zustandegekommen sind.

Die Schwiegermutter ist ein ernstzunehmendes Problem. Und sie verlangt nach einer besonderen Fürsorge. Im Gegensatz zum Schwiegervater. Der stets mit freundlicher Gleichgültigkeit in Verbindung gebracht wird, man könnte auch sagen, mit Desinteresse. Daher gibt es auch weder Kakteen (Schwiegermuttersitz 1) noch unbequeme Autositzbänke (Schwiegermuttersitz 2), die nach ihm benannt sind.

Sollten Sie die Frau, die Ihren Partner großgezogen hat, lieben, schätzen und ehren, dann können Sie die nächsten fünf Seiten bedenkenlos überblättern. Für alle anderen erst einmal einen Trost vorweg, bevor wir ein düsteres Kapitel aufschlagen, in dem schlimme Schwiegermütter Jagd auf junge Paare machen: Die Mutter Ihres Mannes hatte es höchstwahrscheinlich mit der eigenen Schwiegermutter (Ihrer Schwiegeroma, sozusagen) noch schwerer als Sie es mit ihr heute.

Denn verglichen mit früher, sind die Ansprüche an die Frauen der Söhne heute soft wie Wattebällchen. Meine Mutter zum Beispiel musste noch Bratkartoffeln und Linsensuppe vor den Augen meiner Oma probekochen. Schließlich sollte die neue Frau ihres Jungen doch seine Lieblingsgerichte vernünftig hinbekommen, damit er nicht verhungert. Und auch über die Sorge, Sohnemann könnte schlecht gebügelte Hemden tragen, informierte sie meine Mutter regelmäßig.

Es mag traurig sein, dass der Familienverbund an Bedeutung verloren hat. Es hat aber auch seine guten Seiten. Ich beispielsweise sollte zwar die gesammelten Werke der Lieblingsrezepte meines Freundes erben. Wer aber nicht kochen kann, bekommt stattdessen zum Glück nur ein Jamie-Oliver-Buch geschenkt.

Und unsere Kinder? Was haben die von uns zu erwarten? Wahrscheinlich wenig. Die Best-Ager von morgen werden wenig Zeit zum Nerven haben. »Was? Bei euch vorbeikommen zum Babysitten? Das sieht schlecht aus … Ich stehe gerade am Flughafen, und gleich geht mein Flieger nach Mallorca.« Dann wird sich unser Nachwuchs in Internetforen fragen: »Kann ich meine Schwiegermutter wegen unterlassener Hilfeleistung verklagen?«

Doch zurück zu den Schwiegermüttern von heute. Grob gesagt gibt es zwei Varianten: Den einen ist die Frau an der Seite des Sohnes nicht gut genug. Weshalb ihr Vertreibung durch versteckte Intrigen oder offene Abneigung drohen. Die anderen haben solche Angst, ihren Liebling zu verlieren, dass sie klammern und jammern.

Doch wieso tun sie das? Fragt man einen Paartherapeuten, bekommt man eine tiefenpsychologische Erklärung für die Eskapaden von Mutter, bei der endlich auch mal der Vater eine Rolle spielt. Denn war er nicht unbedingt ein idealer Partner für seine Frau (zu oft weg, Weichei, Gigolo), stilisiert diese ihren Sohn gern mal zum Traummann. Und den nun an eine andere Frau abzugeben – Horror!

Besonders schwierig sollen dabei Mütter sein, die ihr Leben einzig und allein den Kindern – und nicht etwa noch einem Job – gewidmet haben: Da gibt man alles, um es dem Sohnemann schön zu machen. Doch nun, wo langsam die

Menopause einsetzt und für Schweiß- und Tränenausbrüche sorgt, kommt so ein junges Ding und will einem den Lieblingsmann streitig machen. Der Dank für die Aufzucht dieses Prachtkerls sollen drei Pflichtbesuche im Jahr sein? Kein Wunder, dass die Mutter da schnell mal schmollt – und auf der Hochzeit des Sohnes ganz in Schwarz erscheint.

In meinem Freundeskreis sind die klammernden Schwiegermütter eindeutig in der Überzahl. Und die Frage nach dem Verhältnis zu ihr wird von Paaren immer gleich beantwortet – nämlich von beiden Seiten völlig unterschiedlich. Die Frau beginnt, sich vehement über Aufdringlichkeiten zu beschweren, und endet bei der Überlegung auszuwandern. Der Mann sitzt währenddessen daneben und verdreht die Augen. Ein Ausschnitt aus einer Unterhaltung unter acht Augen, die kürzlich bei einem Sonntagsfrühstück stattfand. Sie: »Deine Mutter ruft doch mindestens drei Mal die Woche an.« Er: »Das stimmt doch gar nicht. Vielleicht einmal«. Sie zu mir: »Vielleicht einmal bei uns. Aber dann noch zweimal bei ihm im Büro.« Er zu meinem Freund: »Ach, sie will einfach nur hören, ob es uns gutgeht.« Mein Freund nickt. Sie: »Dreimal die Woche?« Er zu mir: »Sie würde sich halt freuen, wenn meine Frau in ihr so etwas wie eine Freundin sähe.« Sie zu mir: »Auf keinen Fall!« Er zu meinem Freund: »Die beiden könnten doch mal zusammen shoppen gehen. Ein paar Sachen für unsere Tochter einkaufen.« Mein Freund nickt. Sie zickig: »Ja, und gemeinsam überlegen wir uns dann, wie wir dich mit vereinten Kräften noch glücklicher machen können ...« Beide Männer nicken und beißen in ihr Brötchen, das sie sich doch tatsächlich haben selber schmieren müssen.

Söhne sind keine Hilfe. Im Gegenteil. Von Muttern infiltriert, können sie sogar gefährlich werden. Also Vorsicht: Lassen Sie sich zum Beispiel nicht von ihm dazu überreden, in die Nähe, geschweige denn in das Haus der Schwiegereltern einzuziehen. Eine Frau berichtet aus dem Dachgeschossverlies ihrer Schwiegereltern: »Ich hatte zwei Säcke voll alter Klamotten für die Altkleidersammlung vor die Tür gestellt. Als mein Mann das nächste Mal bei seiner Mutter war, hat sie alles vor ihm ausgebreitet und ihm erklärt, dass das alles noch tadellose Sachen seien. Ich sei verschwendungssüchtig und würde ihn noch an den Bettelstab bringen mit meinen Luxusansprüchen. Mein Mann hat alles brav wieder zurückgebracht – und wollte keine Diskussion.« Andere Opfer berichten von Post, die regelmäßig »aus Versehen« geöffnet wird, und Müttern, die unerwartet im Wohnzimmer stehen – dummerweise auch dann, wenn man dort Sex haben wollte. Da kann kein Argument, wie günstige Miete oder kostenlose Kinderbetreuung durch die Großmutter, überzeugen.

Zum Härtefall dürfen sich Frauen erklären, die ein Einzelkind oder den Jüngsten unter den Geschwistern zum Mann haben. Ganz verloren sind diejenigen, die mit einem Muttersöhnchen zusammen sind: Musste er als Kind im Haushalt keinen Finger rühren (lesen Sie unbedingt noch mal das Kapitel »Zusammenziehen«), wollte erst mit 25 ausziehen und würde auch noch heute seine Wäsche seiner Mutter bringen, wenn die 300 Kilometer Strecke und Sie nicht wären, dann kann wohl kein Buch, kein Forum und auch keine Selbsthilfegruppe der Welt mehr helfen. Für alle anderen aber gibt es Hoffnung.

Weil ich selber keine Expertin auf dem Gebiet der Hexenjagd bin, habe ich mir Lektüre mit so vielversprechenden Namen wie »Schwiegermütter machen dick« und »Wege aus der Schwiegermutter-Falle« besorgt. Das Buch, das mir am vertrauenerweckendsten erschien, war »Hassgeliebte Schwiegermutter« von der Psychologin Felicitas

Heyne. Folgende drei Tipps daraus haben mir am besten gefallen:

1. Die gesprungene Schallplatte: Nehmen wir an, Sie haben einen neuen Job angeboten bekommen, müssten dafür aber die Stadt verlassen, in der auch die Eltern Ihres Freundes wohnen. Mann und Kinder sind einverstanden, die Schwiegermutter außer sich. Statt sich in eine endlose Diskussion über die schönsten Städte Deutschlands, Frauen im Job, Großeltern als Babysitter, Sie als Monster einzulassen, antworten Sie nach jedem Vorwurf, der Ihnen entgegengegiftet wird, mit dem gleichen Satz: »Ich bin traurig, dass du das so siehst. Aber dein Sohn und ich haben es so entschieden.« (Leichte Abwandlungen sind möglich.) Klingt eintönig, treibt die Schwiegermutter aber in den Wahnsinn. Irgendwann gibt sie auf. Garantiert.

2. Spiegeln: Verfahren Sie mit Ihrer Schwiegermutter, wie sie mit Ihnen. Mischen Sie sich zum Beispiel in ihre Familienangelegenheiten ein. Oder reiten Sie bei jeder Gelegenheit auf ihren Schwächen herum. Vielleicht schneien Sie auch öfter mal unangekündigt bei ihr vorbei. Irgendwann wird sie sich darüber beschweren – dann legen Sie los und schmieren ihr all ihre Nervereien aufs Brot. Ha!

3. Die Judo-Technik: Wie bei der Kampfsportart wehrt man Angriffe, in diesem Fall verbale, nicht ab, sondern lässt sie elegant ins Leere laufen. Wenn Ihre Schwiegermutter zum Beispiel sagt: »Du hast wirklich eine tolle Figur ... Pause ... für eine Frau deines Alters«, antworten Sie gelassen: »Lieb, dass du das sagst, ich tue auch einiges dafür.« So nehmen Sie ihr einfach den Spaß an der Beleidigung.

Sollte das alles nicht helfen, dann halten Sie die Mann-Mutter wenigstens so gut es geht aus Ihrem Leben raus – am besten, indem Sie ihr endlich ein eigenes verschaffen. Die alte Dame braucht ein Hobby, eine Aufgabe. Ganz egal, was. Krankenhaus-Besuchsdienst, Frauenturnen, Basteln für Afrika, melden Sie sie an. Und wenn Ihnen gar nichts Passendes einfällt, fragen Sie doch mal Ihren Mann. Er wird schon wissen, was Mutti am liebsten mag.

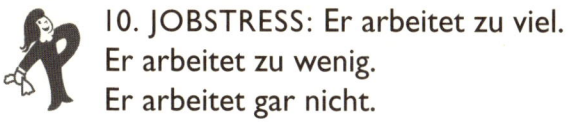

10. JOBSTRESS: Er arbeitet zu viel.
Er arbeitet zu wenig.
Er arbeitet gar nicht.

Das Internet, Spiegel der Gesellschaft. Erschütternd, was man da manchmal lesen muss. Jemand schreibt in einem Blog: »Ich habe Hunger. Der Kerl ist noch nicht zu Hause, ich weiß weder, wann er kommt, noch, ob wir dann was essen, warm oder nur Brot. Hmpf. Der Mann arbeitet zu viel. Der ist ja fast 12 Stunden weg, obwohl der Arbeitsweg unter einer halben Stunde liegt.« Eine einsame Frau hofft auf ihren schuftenden Schatz und etwas zu essen. Wahrscheinlich ist sie bereits zu schwach, um ihn am Telefon zu fragen, wann er denn gedenkt heimzukehren. Zu schwach auch, sich allein eine Scheibe Brot zu schmieren. Also schleppt sie sich an den Rechner, um diese traurige Nachricht in die Welt hinauszuschicken und auf Solidaritätsbekundungen zu hoffen.

Frauen wirken im Umgang mit viel arbeitenden Männern häufig verblüffend hilflos.

»Wer sich mit meinem Mann verabredet, sollte immer etwas zu lesen dabeihaben«, kommentiert resigniert auch meine Freundin Anne. »Die Zeit« zum Beispiel, die man ja sonst eh nie durchbekommt. 30 Minuten seien nichts Besonderes. Manchmal fange sie schon an, mit den Kellnern zu plaudern, immer ärgere sie sich, schon wieder pünktlich am verabredeten Ort gewesen zu sein, und jedes Mal komme er mit den gleichen Erklärungen: »Ich hing noch in einer Konferenz fest«, »Der Kunde hat gerade noch angerufen«. Ein Patentrezept im Umgang mit Arbeitssüchtigen hätte sie leider nicht.

Also entschied ich mich, Annes Mann, den unverbesserlichen Unternehmensberater, einmal kennenzulernen. Mit 23-minütiger Verspätung hetzte er in das Berliner Gartenlokal, in dem wir verabredet waren. Schuld war ein nerviger Kunde. »Klar beschwert sich meine Frau«, meinte er, nachdem ich ihm erklärt hatte, dass ich über Frauen arbeitswütiger Männer recherchiere, deren Leben eine einzige Warteschleife sei. Und herausfinden möchte, welche Strategien sie anwenden, um ihn vom Schreibtisch wegzubekommen. Anne setze keinerlei besondere Phantasie ein, meinte er: »Mal nörgelt sie, mal ist sie beleidigt und stumm, wenn ich später nach Hause komme.«

Und was rät er genervten Frauen? »Nichts«, war seine Antwort. Er würde es mit seinem selbstgeprägten »romantischen Beziehungszweisatz« halten, der wie folgt gehe: Er zu ihr: »Schatz, ich habe Verständnis für deine Gefühle.« Sie zu ihm: »Ich bin stolz darauf, was du jeden Tag leistest.« Und wenn jeder jeden Morgen seinen Satz aufsagen würde, dann könnte schon bald Frieden zwischen Mann und Frau herrschen. Übersetzt soll das wohl bedeuten: Alles läuft gut, solange die Frau den Mann für seine Arbeit bewundert. Und der Mann sich für die Emotionen seiner Frau interessiert, oder zumindest so tut.

Der »romantische Beziehungszweisatz«. In einen Blog jammern. Und ein bisschen phantasieloses Nörgeln. Strategien, so erfolgversprechend wie Cellulitecreme auf delligen Oberschenkeln. Kein Wunder, dass die American Academy of Matrimonial Lawyers Arbeitssucht als einen der vier häufigsten Gründe für partnerschaftliche und familiäre Zerrüttung nennt. Wie lebt man also besser mit einem Workaholic? Jemandem, der auch nach zehn Stunden noch am Griffel wie an der Nadel hängt, der ohne die tägliche

Dosis Cheflob nicht sein mag und sich immer wieder einen Schuss Überstunden setzen muss. Der im Urlaub und an freien Wochenenden Entzugserscheinungen bekommt.

Wie geht man mit jemandem um, der zu gemeinsamen Verabredungen mit Freunden grundsätzlich zu spät, häufig sogar gar nicht erscheint? Was tut man, wenn der Mann nicht mehr abschalten kann, weder den Rechner noch seinen Kopf? Wenn er irgendwann lieber mit dem Handy zu spielen scheint als mit den Brüsten seiner Frau?

Selbsternannte Gleichstellungsbeauftragte mögen sich an dieser Stelle echauffieren: Hier ist immer nur von Workaholics die Rede. Was ist denn bitte mit all den Workaholikerinnen, den Langzeit schuftenden Managerinnen, Pflegerinnen, Ärztinnen? Klar gibt es die auch. Aber zum einen geht es in diesem Buch ja um kleine Korrekturen der Männer. Und zum anderen scheinen die Herren mit vielbeschäftigten Frauen weniger Probleme zu haben. »Mein Mann arbeitet zu viel«, gegoogelt, ergibt über 6000 Treffer. Bei »Meine Frau arbeitet zu viel« erscheint genau ein Link, ein privater Blog, in dem der Satz »Meine Frau arbeitet zu viel ...« mit den Worten »... im Haushalt« endet. Das Internet, Spiegel der Gesellschaft.

Aber zurück zum Problem. Natürlich gibt es nicht das eine Patentrezept gegen Arbeitssucht. Man kann ja nicht einfach jeden Abend in sein Büro stapfen und ihn an den Haaren herauszerren, auch wenn man sich das vielleicht schon häufiger ausgemalt hat. Man kann ihn auch nicht wie einen Alkoholiker auf Entzug setzen. Mit kompletter Job-Abstinenz wäre schließlich niemandem gedient.

Wir brauchen also keine Taktik von der Stange, sondern maßgeschneiderte Lösungs-Haute-Couture, damit der Mann erfolgreich im Job und trotzdem am Ende des Tages schnell wieder zu Hause ist. Dazu muss man zunächst einmal Ursachenforschung betreiben. Warum arbeitet der Mann so viel?

1. Fangen wir mit der harmlosesten Begründung an: Der Job macht ihm Spaß. Das heißt, er kommt zwar spät, aber immerhin gut gelaunt nach Hause. Der Arbeitsplatz, von dem er heimkehrt, ist für ihn eine Art Vergnügungspark mit Meeting-Abenteuern, Akten-Karussell und Chef-Achterbahn. Nun sagen die meisten von Ihnen sicherlich: Solche Männer gibt es doch gar nicht. Doch, gibt es. Stefan Frädrich zum Beispiel. Der studierte Mediziner und Betriebswirt ist Motivationstrainer, Autor verschiedener – gutgelaunter – Bücher, unter anderem über einen inneren Schweinehund namens Günter. »Frauen müssen verstehen, dass der Mann nicht nur bei der Arbeit sitzt, um von ihnen wegzukommen. Und nicht jeder Mann, der abends noch mal seine E-Mails checkt, ist gleich arbeitssüchtig«, sagt Frädrich.

Wer solch einen fröhlichen Arbeiter ständig nach Hause beordert, wird zum Spielverderber. Und Spielverderber waren schon zu Schulzeiten doof, so doof wie Petzen und auch Streber. Freunden Sie sich daher lieber mit dem Gedanken an, dass Sie ihn teilen müssen. Immerhin nicht mit einer anderen Frau, sondern nur mit dem Büro. Und Sie haben keinen Jammerlappen zu Hause sitzen, der sich den ganzen Tag über seinen schlimmen Job, die furchtbaren Kollegen und die unmenschlichen Arbeitsbedingungen im Allgemeinen beschwert. Das ist doch auch schon was.

So viel zum positiven Denken. Jetzt zur Männerverbesserung: Sie wollen mit Ihrem Mann mehr Zeit verbringen. Deshalb sollten Sie sich Nischen schaffen. »Arbeite an vier

Abenden die Woche, so lange du willst, die anderen drei gehören uns«, könnte ein Kompromiss lauten. Vielleicht bauen Sie auch noch ein »ausschließlich uns« ein, sonst haben Sie plötzlich die Kollegen auf der Couch sitzen oder sein Rechner kommt als romantische Tischbeleuchtung zum Einsatz. Hält er sich an die Vereinbarung, ist es besser, die halbe Woche mit einem glücklichen, entspannten Mann zu verbringen, als die ganze Woche mit einem unglücklichen Mann, der unter nervösen Zuckungen leidet.

Wichtig für die Tage, an denen er Open-Work-End hat: Warten Sie nicht sehnsüchtig auf seine Rückkehr. Das ist nur den weiblichen Protagonisten schlechter Soaps erlaubt, die gern mal stundenlang am gedeckten Tisch sitzen, während der Braten im Ofen verkohlt, bis sie irgendwann traurig die Kerzen ausblasen. Nutzen Sie die freien Tage für Sport, Freunde und alles, wozu der Mann eh keine Lust hat oder wobei Sie ihn nicht gebrauchen können. Haben Sie wegen schlafender Kinder nicht die Möglichkeit, das Haus zu verlassen, laden Sie sich Freundinnen ein, besorgen sich Fitnessvideos oder zahlen Sie von dem Geld, das der unermüdlich arbeitende Mann mit seinen Überstunden verdient, einen Babysitter. Für Verabredungen mit Freunden gilt ab sofort: Sagen Sie ihm immer eine Uhrzeit, die mindestens 20 Minuten vor dem Treffen liegt. Pünktlich wird er ja eh nicht sein.

Ein anderes Phänomen, das häufig unter Vielschaffenden auftaucht: Sie kommen zwar nach Hause, stürzen sich dort aber gleich wieder auf ihre Arbeitsutensilien, als wären sie lange vermisste Schätze. Die einfachste, aber auch streitlustigste Lösung: Man schließt das Arbeitszimmer ab. Oder man zieht gleich. Tippt er die ganze Zeit auf seinem Blackberry, iPhone, Palm herum und macht Sie das fuchsteufelswild, besorgen Sie sich am besten auch so ein Spielzeug. Bei mir hat es funktioniert. Checkt er schon wieder seine Mails, schaue auch ich, was bei mir im Postfach aufgelaufen ist. Macht mehr Spaß, als man annehmen würde. Telefoniert der Mann, telefoniere ich. Und ziemlich schnell merkt auch er, wie blöd es aussieht, wenn zwei Menschen sich im Restaurant benehmen, als säßen sie in einem Callcenter. Trägt Ihr Freund ein Headset, sollten Sie allerdings allein schon aus stilistischen Gründen von der Nachahmung absehen.

2. Ein vollkommen anderer Fall ist der Arbeitswütige ohne Spaß. Dass ihn sein Job überfordert, würde er jedoch niemals zugeben. »Ich bin ein Workaholic, holt mich hier raus«, auf diesen Satz können Sie lange warten. Aber Sie erkennen ihn leicht: Im Gegensatz zu Gruppe 1, dem fröhlichen Arbeiter, kommt er nicht wie ein Zirkuspferd zurück in den Stall galoppiert, sondern schleppt sich wie ein alter Gaul, der sich nach einem Gnadenschuss sehnt, nach Hause. In diesem Fall muss man als Frau eingreifen und bereits im Anfangsstadium des Kräfteverfalls jede Gelegenheit nutzen, den Mann von der Arbeit wegzubewegen. Später ist mit solchen Aktionen nichts mehr zu retten.

Die Freundin eines augenscheinlich überarbeiteten Kollegen tauchte eines Tages bei uns in der Redaktion mit einem Picknickkorb auf. Die Kolleginnen fanden ihren Auftritt als Rotkäppchen unheimlich süß. Die Leitwölfe allerdings hörte ich lästern, wie peinlich das denn sei, wie erniedrigend. Das Büro ist für Männer kuschelfreie Zone. Nichts mit emotionaler Intelligenz, Integration, Kooperation. Ein Typ mit Frau und Picknickkorb sieht nach Weichei kurz vor dem Verfallsdatum aus und nicht nach Mister Aufstiegschancen mit gefährlich spitzen Ellenbogen. Möchte man ihm trotzdem einen Picknickkorb packen, was prinzipiell ja eine nette Idee ist, dann sollte man damit wohl besser unten vor dem Büro warten.

Den Workaholic in seiner Freizeit mit Picknicks im Park oder zart duftenden Blütenbädern ruhigstellen zu wollen wie Michael Jackson auf Propofol funktioniert aber eh in den meisten Fällen nicht. Denn muten Sie dem Arbeitssüchtigen zu viel Ruhe zu, ist das so, als würden Sie ihn in ein Loch stoßen. Er bekommt Entzugserscheinungen und weiß nichts mit sich, Ihnen und der Situation anzufangen. Besser, Sie gehen Fallschirmspringen oder schauen einen Jean-Claude-Van-Damme-Film. Das lenkt ab.

Liegt er nachts immer seltener im Bett, sondern läuft nervös durch die Wohnung, wirkt depressiv und resigniert, hat Rücken-, Magen-, Kopfschmerzen, kurzum, er steht kurz vor dem Burnout, dann bringt auch der lauteste Actionheld keine Zerstreuung mehr. Der Mann muss zum Psychiater. Dorthin wird er sich aber nicht von selbst begeben. Sie müssen also Überzeugungsarbeit leisten. Am besten mit dem Ausblick auf noch schlechtere Zeiten. Wahre Workaholics gehen oft schon Mitte 50 in Rente oder sterben früh an Herzversagen, Herzinfarkt, Schlaganfall. Die fleißigen Japaner haben für den Bürotod sogar einen eigenen Namen: Karoshi. Unnützes Wissen, das Sie unbedingt verbreiten sollten.

3. Er steht unter Karrieredruck. Auf die Frage der Zeitschrift Brigitte, was heute ein erfolgreiches Männerleben ausmache, antwortete Dr. Eckart von Hirschhausen, der sich anscheinend nicht nur mit Glück und wachsenden Lebern, sondern auch mit dem Arbeitsverhalten seiner Geschlechtsgenossen auskennt: »Wenn wir es schaffen, so lange zu leben wie die Frauen, und uns nicht vorher zu

Tode rackern, um Frauen zu beeindrucken, die behaupten, auf Leistung käme es nicht an.« Für viele Männer ist Joberfolg gleich Lebenserfolg. Und der Vergleich von Dienstwagen, Gehältern, Schreibtischgrößen und Sekretärinnen erscheint ihnen nicht peinlich, sondern logisch.

Sozialisiert als Indianer, der keinen Schmerz kennt, und als Titan, der die Welt auf seinen Schultern trägt, meint der Mann sich durchbeißen zu müssen. Es geht in Unternehmen um Sieg oder Niederlage, männliche Rituale und Alpha-Spielchen. Und wie wichtig es ist, vorn mitzuspielen, hat er ständig vor Augen. In Form von mächtigen Männern, die so alt und dick sein können, wie sie wollen, und trotzdem für die Zweit- oder Drittehe eine knackige 20-Jährige finden. Flavio Briatore ehelichte in bestickten Altherrenpantoffeln die Italienerin Elisabetta, so hübsch, wie ihr Name klingt, und drei Jahrzehnte nach Flavio geboren. Der schwergewichtige Workaholic Reiner Calmund heiratete 2003 seine 21 Jahre jüngere und um sehr viele Kilos leichtere Assistentin Sylvia. Und Richard »Mörtel« Lugner hatte nach seiner »Mausi« unter anderem eine Nina, »Bambi« genannt, die gleich 49 Jahre jünger war als er.

Um den Karrieredruck von ihm zu nehmen, sollte man daher Magazine wie »Gala« und »Bunte« nicht herumliegen lassen, in denen die Schönen stets nur die Reichen wollen. Außerdem gehören Sätze wie »Dieses Jahr fliegt man ja nicht mehr auf die Malediven. Die Seychellen sind jetzt wieder angesagt« oder »Wie, dein Kollege ist befördert worden und du nicht ... Hat der eigentlich noch seine Freundin?« auf den Index.

Druck entsteht durch Angst. Jagen Sie Ihrem Partner vielleicht manchmal Furcht ein, weil Sie über Ihre Verhältnisse shoppen? Seien Sie ehrlich. Tragen Sie tütenweise Klamot-

ten nach Hause und Ihr Mann beobachtet Sie mit weit auf-
gerissenen Augen und pulsierender Halsschlagader? Dabei
ist es übrigens egal, ob es Ihr Geld ist, das Sie da ausgeben.
Schließlich ist es ja auch egal, wegen wem Peter Zwegat ins
Haus kommen muss. Hören Sie also damit auf, oder tun Sie
es wenigstens so, dass er es nicht merkt.

4. Nicht immer sorgt die Arbeitssucht für Probleme in der
Partnerschaft. Manchmal sind Probleme in der Partnerschaft auch der Grund für die Arbeitssucht. Und das Büro
ist nicht nur Arbeitsplatz, sondern Refugium, ein verläss-
licher Hort. Meint er, seine Anwesenheit im Büro wird mehr
geschätzt als zu Hause? Lässt man ihn dort wenigstens mal
aussprechen? Findet er die Kollegen vielleicht letztendlich
sogar netter als Sie? Ist Ihre Beziehung vielleicht am Ende?
Geht die Gleichung »freie Zeit = schöne Zeit« für ihn nicht
mehr auf, muss man sich als Paar etwas einfallen lassen.

Dabei fliehen nicht alle vor ihren Frauen. Manche auch
vor ihrer Familie. Ein ehemaliger Chef von mir machte uns
mit seiner Dauerpräsenz zu schaffen. Jeden Abend berief
er Spätkonferenzen ein, wollte stets »noch auf ein Bier-
chen«. Der Grund? Es waren zwei: seine Kinder. Solange
sie nicht im Bett lagen, wollte er nicht nach Hause. Ein
anderer Kollege kam nach zwei Wochen aus dem Urlaub
mit seinen Kleinen zurück – und strahlte, als er an seinem
Schreibtisch Platz nahm: »Endlich wieder Ruhe.«

5. Schwangerschaft. Wieso der dicke Bauch der Partnerin
einen Arbeitsanfall auslösen kann, erfahren Sie in Kapitel 12, »Eltern-Dasein: Wenn Männer Väter werden«.

6. Der Grund, warum er länger im Büro bleibt, muss nicht
unbedingt das Büro sein. Taucht eine Kollegin zu oft in

seinen Gesprächen auf oder plötzlich gar nicht mehr, sollte man als Freundin die ersten Ermittlungen gegen ihn und diese Dame einleiten. Sammeln Sie Indizien: Zieht er nur noch die feinen Hemden ins Büro an, braucht er morgens neuerdings länger im Bad und hinterlässt dort eine beeindruckende und bislang unbekannte Wolke Eau de Toilette? Dann blättern Sie besser mal aufmerksam durch seinen Terminkalender. Finden sich dort kleine, immer wiederkehrende Symbole oder Kürzel, die auch nach längerem Grübeln keinen Sinn ergeben, verschlüsselt er etwas. Und das werden nicht die Meetings mit seinem Chef sein.

7. Vielleicht arbeitet er so viel, weil seine Arbeitstechniken falsch sind. Wenn Sie den Verdacht haben, ihr Freund gehört zu denen, die zwar den ganzen Tag beschäftigt sind, aber am Ende nichts zustande gebracht haben, dann können Sie ihm entweder ein Buch zum Thema Zeitmanagement schenken (für das er aber nicht die Zeit finden wird, um es zu lesen), oder Sie erzählen ihm, was mir Stefan Frädrich erzählt hat, der hochmotivierte Motivationstrainer vom Anfang des Kapitels. Es ist eine simple Metapher. Dazu stellt man sich eine Vase vor. Diese soll gefüllt werden mit großen Brocken, Kieselsteinen und Sand. Dabei ist das Gefäß im übertragenen Sinne der Arbeitstag und das Füllmaterial Aufgaben auf der Agenda. Die meisten Menschen nehmen zuerst den Sand (unwichtige Mails, private Telefonate etc.), denn der ist schnell eingefüllt, dann die Kiesel (wichtige Mails, berufliche Telefonate zum Beispiel) und zum Schluss ist in der Vase kein Platz mehr für die Brocken (klärende Gespräche mit dem Kunden, der Schein an der Uni, ohne den das Studium nicht weitergeht). Das ist kontraproduktiv. Denn nur andersrum kriegt man alles rein. Erst die sperrigen Brocken, dann die Kieselsteine, und

der Sand verteilt sich am Ende irgendwie dazwischen. Sich die Vase vorzustellen soll schon vielen Zeitlosen geholfen haben. Vielleicht bringt sie auch Ihrem Mann etwas.

Und dann werfen Sie doch mal einen Blick auf seinen Schreibtisch. Ist er so zugemüllt, dass nicht mal mehr eine Büroklammer darauf einen freien Platz findet? Dann frisst Chaos einen großen Teil seines Tages. Nach einer Studie des Stuttgarter Fraunhofer-Instituts für Produktionstechnik und Automatisierung zum »Schlanken Büro« werden gut zehn Prozent der Arbeitszeit durch überflüssige oder fehlende Arbeitsmaterialien oder ständiges Suchen nach dem richtigen Dokument in wirren Dateiverzeichnissen verschwendet. Ein Zehnstundentag könnte also eigentlich neun Stunden haben. Vorschlag: Schenken Sie ihm einen Seminarbesuch zur effizienteren Büroarbeit, zum Beispiel zum Thema »Vom Volltischler zum Leertischler«. Ja, so etwas gibt es.

Solch ein Seminar könnte auch hilfreich sein, wenn Sie zu den Frauen gehören, denen der Erfolg des Mannes wichtig ist. Deren Partner auf der Karriereleiter aber eher die Geschwindigkeit eines betrunkenen Faultiers hinlegt. Da es fast unmöglich ist, jemanden, der keinen Aufstiegsdrang verspürt, die Stufen hinaufzustoßen, sollte man grundsätzlich immer das Ehrgeizometer befragen, bevor man sich längerfristig bindet: Ist er eher karriereorientiert oder komatös? Ein Macher oder ein Machtloser? Ein Möchtegern oder ein Möchtenichts? »Sorry, Mädels, ihr habt ihn euch angekuckt, er war nicht der Hellste und Aktivste, eher bequem, dann werdet ihr aus ihm keinen Helden der Arbeit mehr machen«, drückt es Stefan Frädrich aus. »Ich glaube, dass Frauen, die sich einen Vollblutschluffi aussuchen, selbst die Hosen anhaben wollen und jemanden brauchen, der ihnen nicht das Wasser reichen kann.« Ohne

Ihnen zu nahe treten zu wollen: Machen Sie doch bitte dies betreffend jetzt einen kleinen Realitätsabgleich.

Nein, Sie brauchen den Mann nicht als Fußabtreter für Ihr Ego? Dann weiter.

Manchmal wissen antriebslose Männer nur noch nicht, dass sie latent unzufrieden sind. Warum sollten wir ihnen nicht dabei helfen, zu erkennen, wie vertan ihr Leben ist – und wie sie es mehr in unserem Sinne führen können? »Als Coach Ihres Mannes dürfen Sie aber nur stupsen«, sagt Frädrich. Also leider nichts mit Standpauken von der Trainerbank. Und mit Stupsen sind auch keine leichten Schläge auf den Hinterkopf gemeint. »Sie sollten einen Resonanzkörper bilden, um Gedanken zuzulassen, die außerhalb der normalen Denkgewohnheiten liegen«, so Frädrich. Vielleicht merkt Ihr Mann so, dass der Job, den er seit Jahren macht, gar nicht der richtige für ihn ist. Diese Erkenntnis erreicht er möglicherweise durch die Beantwortung von Fragen wie diesen:

Was würdest du tun, wenn du keine Angst hättest?

Wie würde dein Leben aussehen, wenn Jeannie aus der Flasche gehüpft käme?

Was würdest du tun, wenn dir alles leichtfiele?

Kannst du dir vorstellen, etwas ganz anderes zu machen, das dir mehr Spaß macht als dein heutiger Job?

Was demotiviert dich eigentlich?

Dabei kommt es nicht nur darauf an, welche Fragen Sie stellen, sondern auch wie. Nicht zickig oder vorwurfsvoll, sondern interessiert. Schließlich heißt es nicht: Hinter jedem erfolgreichen Mann steht eine nörgelnde Frau.

Will Ihr Freund eigentlich vorankommen, gratuliert aber immer nur seinen vorbeiziehenden Kollegen zur Beförderung, dann starten Sie mit ihm die Mission Blender. Denn Leistung ist zwar schön und gut, Selbstinszenierung aber macht den Unterschied, das haben unzählige Untersuchungen längst belegt.

So glaubt jeder zweite Chef, laut der Universität Manchester, dass sich hinter einem zugemüllten Arbeitsplatz ein unzuverlässiger Arbeiter verbirgt. Nun sollte man nicht nachts ins Büro des Mannes schleichen und hinter ihm aufräumen. Aber hier würde sich der Kurs »Vom Volltischler zum Leertischler« schon wieder auszahlen.

Außerdem verdient, wer häufiger mal mit den Kollegen anstößt, im Schnitt 17 Prozent mehr als abstinent lebende Arbeiter. Also lassen Sie ihn wenigstens ab und zu ein Feierabendbier trinken gehen. Es könnte sich auszahlen. Freiherren, Prinzen, Grafen und alles, was ein »von« und »zu« im Namen trägt, sollen ebenfalls bessere Chancen haben, nach oben zu kommen. Hat er keinen Titel, dann kostet einer bei Online-Auktionen übrigens ab 5000 Euro.

Auch ein kantiges Gesicht, breite Schultern, eine eckige Stirn machen Menschen zu den Lieblingen der Chefs. Und je größer ein Mann, desto mehr verdient er, will man herausgefunden haben. Mit jedem Zentimeter steigt das Gehalt um 0,6 Prozent. Aber daraus kann man natürlich wenig praktischen Nutzen ziehen. Außer Sie spendieren ihm ein paar Plateauschuhe und ein Kinnimplantat.

Direkten Einfluss auf die Karriere ihres Mannes können Frauen ansonsten nur nehmen, wenn sie auf seinen Chef treffen. Für diesen Moment X merken Sie sich bitte folgende Grundregeln: Auf einen Witz, den der Vorgesetzte auf Kosten Ihres Partners macht, und das tun Vorgesetzte häufiger, als man meinen sollte, lächeln Sie so kalt, dass er es nicht wagen wird, einen zweiten zu versuchen. Verraten Sie nichts Persönliches. Die Schlaf-, Ess- und Körperpflegegewohnheiten Ihres Mannes sind absolut tabu. Seien Sie charmant, aber fangen Sie um Gottes Willen nicht an, mit dem Chef zu flirten. Für den wird es im Zweifel zwar egal oder sogar schmeichelhaft sein. Aber Ihr Partner, der zu Hause der König der Löwen sein möchte, wird sich fühlen, wie vom überlegenen Alphatier weggebissen. Gedemütigt und verunsichert hat er nicht die besten Voraussetzungen, um Eindruck zu schinden.

Besser: Flüstern Sie Ihrem Mann ab und zu etwas ins Ohr. Berühren Sie ihn hin und wieder flüchtig, aber liebevoll. Also nicht im Gesicht rumwischen oder in die Wange kneifen. So entsteht beim Chef der Eindruck, zwischen Ihnen herrsche tiefste Harmonie (was hoffentlich eh der Fall ist). Und jeder Vorgesetzte weiß: Hat der Mitarbeiter keinen Stress zu Hause, kann er diesen auch nicht mit zur Arbeit bringen.

Kommen wir zum extremsten Fall: Der Mann will gar nicht arbeiten. Entweder weil er sich selbst als »Privatier« versteht (obwohl er eigentlich nur sein Jurastudium abgebrochen hat), weil er mit seinem Harz-IV-Satz doch prima zurechtkommt (und Sie ihn einladen, wenn Sie mal nicht Pommes rot-weiß essen möchten) oder weil er Langzeitstudent ist (16. Semester Philosophie und immer noch Angst vor dem Leben da draußen). Letzteres kann sich noch auswachsen. Bei Fall eins und zwei gilt allerdings das Gleiche wie bei den Männern, die lediglich keine Karriere machen wollen: Augen auf bei der Partnerwahl. Drum prüfe, wer sich ewig bindet, dass er jemanden mit ähnlichem Ehrgeiz findet.

Um ganz auf Nummer sicher zu gehen, suchen Sie sich am besten einen trinkfesten Adligen mit kantigem Gesicht und von großer Statur. Oder Sie warten, bis Flavio wieder frei ist, oder sprechen bei »Mörtel« Lugner vor. Allerdings sollten Sie dann die 30 besser nicht überschritten haben.

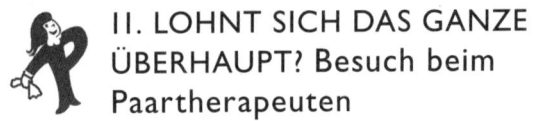

II. LOHNT SICH DAS GANZE ÜBERHAUPT? Besuch beim Paartherapeuten

Noch nie habe ich Politik mit Liebe in Verbindung gebracht, das mag an Angela Merkels Ausstrahlung oder Frank-Walter Steinmeiers Sexappeal liegen. Doch vor ein paar Tagen las ich einen Artikel in einer Zeitschrift. Dort ging es um die Kompromisse, die man in einer Beziehung eingehen müsse. »Liebe macht Arbeit«, waren sich die Autoren einig. Kurz darauf lief ich an Dr. Guido Westerwelle vorbei. Er lächelte mich von einem Wahlplakat an: »Arbeit muss sich wieder lohnen«, stand da. Und nachdem ich mich nun wochenlang mit dem Versuch, Männer zu verändern, beschäftigt hatte, kam mir erstmals der Gedanke: Lohnt sich das Ganze überhaupt? Das Nörgeln, das Kritisieren, die Versuche, aus dem Mann einen besseren Mann zu machen. Und ab wann wird er nicht mehr aus Liebe, sondern aus Nichtmehr-Liebe verändert?

Wenn Sie sich also in den bisherigen Buchkapiteln wiedererkannt haben, dann ist es jetzt an der Zeit für eine Bestandsaufnahme.

Dazu kann eine Audienz beim Beziehungsexperten sehr aufschlussreich — und vor allem beruhigend sein. Das wird mir klar, als ich Brigitte Hebel in ihrer Hamburger Gemeinschaftspraxis besuche. Zum Thema Männerverbesserung stellt die Paartherapeutin zunächst einmal klar: »Fast alle Frauen versuchen, Ihren Mann zu erziehen.« Wer sich also Sorgen macht, ob das Kritisieren des Partners ein schlechtes Zeichen sein könnte — hier schon einmal die

Entwarnung: Nein, grundsätzlich ist es und sind Sie völlig normal.

Auch die Tatsache, dass Frauen sich über die Figur, Klamotten und Manieren des Mannes aufregen, während er an ihr gar nichts auszusetzen hat, macht eine Beziehung zu keiner Ausnahmeerscheinung. »Männer akzeptieren eher, wie ihre Frauen sind. Ganz nach dem Motto: ›So habe ich sie mir ja ausgesucht.‹« Brigitte Hebel spricht aus fast 20 Jahren Berufserfahrung. Im Prinzip sei der weibliche Männerverbesserungswille gar nicht schlecht für eine Partnerschaft. Im Gegenteil. »Frauen sind einfach beziehungsorientierter.« Sie würden reflektieren, was ihnen an dem Mann gefällt – und eben auch, was nicht. So stellten sie wenigstens gleich fest, wenn etwas im Argen liegt – und könnten es ändern. Männer hingegen würden sich kaum Gedanken machen: Wenn's läuft, dann läuft's halt.

Bis der Mann merkt, dass nicht mehr alles rund läuft in seiner Beziehung, steht die Frau bereits mit gepackten Koffern in der Tür. »In diesem Moment will er häufig das Ruder noch mit einer Paartherapie herumreißen. Aber dann ist es meist schon zu spät«, sagt Hebel. Bei einer Freundin von mir war genau dies der Fall. Obwohl sie bereits Schluss gemacht hatte, wollte er unbedingt noch mal schnell zum Therapeuten. »Ich bin mitgegangen. Es war eine hervorragende Möglichkeit für ein hemmungslos offenes Trennungsgespräch«, sagte sie. »Der Sex war schlecht. Ich ertrage deine ganze Art einfach nicht mehr – so was kann man viel leichter austeilen, wenn man weiß, dass sich danach ein Therapeut um ihn kümmert und alles in Ruhe mit ihm aufarbeitet.«

Fassen wir noch einmal zusammen: Frauen meckern, haben aber den Durchblick. Männer sind genügsam, haben aber keine Ahnung. Ist das nicht herrlich? Einmal bei einer Paartherapeutin nachgefragt, und schon avanciert man vom problematisierenden Klageweib zum feinfühligen Beziehungsbarometer, zu einem gut funktionierenden Frühwarnsystem.

Trotzdem ist es natürlich nicht normal, geschweige denn gesund, den ganzen Tag wie eine Eislaufmutter auf seinen Partner einzuschimpfen. Verbesserungsversuche können überhand nehmen. Zum Beispiel, wenn er erst seinen Kleidungsstil für Sie geändert und alle seine Lieblingspullis entsorgt hat. Dann, kaum war er umgezogen, gefiel Ihnen aber nicht mehr, was unter den neuen Hemden und Hosen steckte. Er nahm für Sie ab. Und nun haben Sie begonnen, an seiner Persönlichkeit herumzumäkeln … Das bedeutet nichts Gutes.

Schon einmal darüber nachgedacht, dass das geprügelte Stehaufmännchen an Ihrer Seite einfach nicht der Richtige ist – und Sie nie aufhören werden, einen anderen Menschen aus ihm machen zu wollen? Niemand hört das gern, aber manchmal bleibt man nur aus Bequemlichkeit bei seinem Partner. Oder weil man nicht allein sein kann.

Ein unaufhaltsamer Änderungsdrang muss andererseits nicht zwangsläufig ein Indiz dafür sein, dass die Beziehung kurz vor dem Aus steht. Manchmal liegt er einfach in der Natur des Verbesserers. Er kann nicht anders, weder bei sich, noch bei anderen. Ob Sie zu diesen Menschen gehören, erkennen Sie daran, dass Ihr Bücherregal voll steht mit Lebenshilferatgebern und Sie gerade »Moppel-Ich« und »Baustelle Body« parallel lesen. Ihre Frisur ändern Sie alle paar Wochen, dafür muss Sie nicht erst ein Mann verlassen haben – mit dem letzten Haarschnitt konnten Sie sich einfach nicht mehr im Spiegel ertragen. Sie machen mehr Fortbildungen als Urlaub, haben eine Farbberatung hinter sich und kleiden sich seitdem adrett wie der junge Frühling.

Kurzum: Sie selbst sehen sich als Projekt und übertragen diesen Verbesserungswahn auf Ihren Partner. So sind sie halt. Es bleibt zu hoffen, dass Ihr Mann Sie trotzdem – oder vielleicht gerade deshalb – liebt und keine bleibenden Schäden davonträgt.

Ab wann sollte man als durchschnittlich unzufriedene Frau darüber nachdenken, sich professionellen Beistand zu holen? »Zum Beispiel, wenn Sie jeden Abend nach Hause kommen und sich furchtbar darüber aufregen, dass Ihr Freund so chaotisch ist …«, erklärt Brigitte Hebel. Wenn man sich immer und immer wieder über die gleiche Sache streitet, immer wieder die gleichen Sätze vor sich herbetet und das Gefühl hat, zu einer gesprungenen Schallplatte zu werden: »Schatz, kannst du bitte deine Socken aus dem Schlafzimmer räumen.« »Wieso hast du denn nicht abgewaschen?« »Hattest du nicht versprochen, die Wäsche abzunehmen?« Wer sich so festgefahren hat, der dreht irgendwann durch wie die Räder eines Autos, das im Schlamm steckt.

»Meist reicht es schon, das Problem auf den Punkt zu bringen«, so Brigitte Hebel. Nun denken Sie wahrscheinlich: Na ja, wenn eine Frau zum Beispiel unentwegt sauer auf Ihren Mann ist, weil dieser zu viel arbeitet, dann werden die beiden das doch mit Sicherheit wissen. Mitnichten. Denn unter dem ganzen Wust von Vorwürfen, die man sich gegenseitig macht, herauszubekommen, worum es eigentlich geht, ist gar nicht so einfach.

Wären die Menschen perfekt, liefe ein Gespräch zwischen einer Frau und ihrem Workaholic wie folgt ab: Sie: »Ich finde, du arbeitest zu viel. Es stört mich, dass wir uns so wenig sehen.« Er: »Das tut mir leid. Ich arbeite halt so wahnsinnig gern. Das heißt aber nicht, dass ich nicht auch gern mit dir zusammen bin.« Sie: »Das weiß ich doch. Aber können wir uns auf ein paar Kompromisse einigen?«

Schön, oder? Dagegen wirken aber selbst die Dialoge in GZSZ realistischer.

Im wahren Leben dürfte sich solch ein Problemgespräch wie folgt anhören: Sie: »Du arbeitest zu viel.« Er: »Das stimmt doch gar nicht.« Sie: »Natürlich. Wenn du keine Lust hast, nach Hause zu kommen, dann übernachte doch gleich im Büro.« Er: »Na, vielen Dank. Ich rackere mich ab und muss mir dann so was anhören.« Sie: »Wenn du wenigstens mal mehr Geld für die Überstunden bekommen würdest ...« Es geht um Liebesentzug und Gehaltserhöhungen. Um den Wunsch, dass er weniger arbeitet, geht es weniger.

Deshalb ist der erste Schritt zur Besserung: Erkenntnis. Die erlangt man allerdings selten allein. Und die beste Freundin ist für solche Angelegenheiten auch nicht immer die beste Ansprechpartnerin, wird sie mit einem doch lieber solidarisch Anti-Männer-Parolen klopfen und sich über die Symptome des Schlamassels aufregen, als neutral und analytisch zu urteilen. Es ist also nicht verkehrt, vielleicht doch mal den Experten einzuschalten.

»Das Frustrierende an Paartherapie ist allerdings, dass die meisten zu spät kommen«, sagt Brigitte Hebel. Habe man sich erst einmal jahrelang verletzende Worte an den Kopf geworfen, die selbst einen Siebenschläfer vor Wut vom Baum springen lassen würden, berappeln sich die Paare in der Regel nicht mehr. Bleibt die Frage: In welchem Streitstadium befinden Sie sich gerade?

Frisch verliebt deuten wir die Dinge, die uns stören, noch behutsam an, als wäre der Mann ein Mürbeteigkeks, der unter zu viel Druck zerbröselt. Etwa mit »Duhu Schatz, könntest du nicht mal den Klodeckel runterklappen?« Wird der Zustand dadurch nicht besser, wird der Ton schärfer. »Jetzt klapp verdammt noch mal den Deckel runter.« Damit sind Sie aber immer noch im grünen Bereich.

Erst wenn aus der Beschwerde Kritik wird, muss man sich Sorgen machen. Der Unterschied klingt marginal, ist aus Sicht meines Lieblingsforschers in Sachen Liebe, dem amerikanischen Mathematiker und Psychologen John Gottman, aber riesig. Zur Erklärung: Wer sich beschwert, macht deutlich, dass es ihm selbst mit einer konkreten Situation nicht gutgeht (harmlos: »Ich habe ein Problem damit, dass du die Socken nicht weggeräumt hast.«). Wer hingegen eine Kritik äußert, beschuldigt den anderen, etwas falsch gemacht zu haben. Kritik ist grundsätzlich, zielt auf die Vergangenheit, die Zukunft und den generell schlechten Charakter des Partners (gefährlich: »Du Dreckschwein«).

John Gottman filmt seit Jahren Paare in Alltagssituationen und erforscht ihre Beziehungen. Besonders aufschlussreich ist dabei, wenn zwei sich streiten. Wie verhalten sich Mann und Frau während einer Auseinandersetzung? Senden sie positive oder negative Signale? Allein daran meint Gottman, das weitere Schicksal ablesen zu können. Schon nach den ersten drei Minuten eines Schlagabtausches sagen er und seine Kollegen voraus, ob die Beziehung in Zukunft halten oder man sich trennen wird. Ihre beeindruckende Trefferquote nach einem Versuch mit 130 frisch verheirateten Paaren, die sie während eines fünfzehnminütigen Wortgefechts beobachteten und dann sechs Jahre später wiedertrafen, lag bei 83 Prozent.

Gottmans Ansicht nach ist Kritik der erste apokalyptische Reiter für jede Partnerschaft.

Freundlicherweise gibt sich dieser Überbringer schlechter Stimmung durch immer wiederkehrende Formulierungen zu erkennen. Vorsicht also, wenn Sie sich oder Ihren Mann beim Streiten die Worte »immer« (»Immer kommst du zu spät nach Hause«), »nie« (»Nie kann ich mich auf dich verlassen«) und »wieder mal« (»Wieder mal hast du nicht aufgeräumt«) sagen hören. Auch schlecht: die Einleitungsphrase »Das Problem mit dir ist …«

Natürlich gibt es nicht nur einen apokalyptischen Reiter. Bei seinen Untersuchungen ist Gottman auf fünf Untergangsboten gekommen. Kritik führt zu Verteidigung (häufige Satzkonstruktionen: »Ja, aber« oder »Stimmt gar nicht«) und meist zu einem Gegenangriff. Der Ritt geht weiter über Verachtung (Kennzeichen: Sarkasmus, Zynismus, Spott, gern begleitet von Augenrollen, Seufzen, Stöhnen), Rückzug (der Mann reagiert gar nicht mehr, mauert und zieht wortlos mit dem Bier vor den Fernseher) und letztlich zur Machtdemonstration (»Ist mir doch egal, was du sagst. Ich arbeite, solange ich will.«). So galoppieren Sie zielstrebig dem Abgrund entgegen.

Um nicht sinnlos zu streiten, sollte man erst einmal überlegen, was am Partner überhaupt veränderbar ist und wann Sie Unmögliches erwarten. Grundsätzlich gilt: Relativ leicht zu verbessern sind Körperpflege, Ästhetik und Manieren. Alles, was hingegen mit Charakter und Vorlieben zu tun hat, wird schwierig.

Hat Ihr Mann zum Beispiel die Spritzigkeit eines Heiner Bremer, dann werden Sie ihn nicht mehr in einen Oliver Pocher verwandeln. Selbst wenn Sie ihm den ganzen Tag Witze erzählen, eine rote Nase aufsetzen und zum Humorseminar schicken. Sie machen Ihren Partner auch nicht liebevoller oder romantischer, sosehr Sie sich das vielleicht wünschen. Auf einen Staubsaugophobiker werden Sie Ihren Putzfimmel nicht wie einen Grippevirus übertragen können. Und steht er auf Urlaube mit auf dem Rücken angewachsenem Rucksack und tragbarem Zelt, dann wird er über Nacht im Fünf-Sterne-Resort nicht zum Luxusjunkie.

In diesen Fällen können Sie nur mit Kompromissen und kleinen Tricks arbeiten – von denen Sie einige in diesem Buch finden, zum Beispiel im Umgang mit dem Typ Reinhold Messner (Kapitel »Gute Zeiten, schlechte Zeiten«) oder dem Chaoten (Kapitel »Zusammenziehen«). Eine weitere Möglichkeit, die Ihnen bleibt: Ändern Sie nicht den Mann, sondern Ihre Einstellung. Sechs Punkte, die auch Ihr Paartherapeut ansprechen würde:

1. Beuteschema bleibt Beuteschema

Es ist nie verkehrt, darüber nachzudenken, wie viel Anteil man selbst daran hat, dass der Partner ist, wie er ist – zum Beispiel ein Karrieretyp. Damit meine ich nicht, dass Sie überprüfen sollen, ob Ihre Gegenwart den Partner ins Büro treibt. Sondern, ob es nicht vielleicht einen Grund gibt, warum Sie sich gerade für diesen Mann entschieden haben. Wollen Sie – oder besser – brauchen Sie jemanden, der ehrgeizig ist? »Ich würde einen Vogel kriegen, wenn mein Partner jeden Tag um fünf Uhr zu Hause wäre. Ich brauche meinen Freiraum«, sagt zum Beispiel Brigitte Hebel. Eine Erkenntnis, die Sie erst nach einer Eigentherapie gewonnen hat. Wer sich einen strebsamen Mann aussucht, kann mit einem Nine-to-five-Arbeiter häufig so viel anfangen wie Boris Becker mit Blondinen. Also: Stört einen der Arbeitseifer wirklich? Oder waren auch alle bisherigen Freunde so? Und würde man beim nächsten Mal nicht eh wieder dasselbe Modell wählen? Dann kann man sich auch gleich den aktuellen Freund mit Kompromissen zurechtrücken, bevor man mit dem Neuen wieder die alten Probleme hat.

2. Ich richtig, du falsch

Ein schöner Nebeneffekt des Paartherapeuten-Besuchs: Jedes Problem, um das man zuvor noch als einsamer Satellit gekreist ist, wird zum Massenphänomen und bekommt einen Namen, mit dem man es ansprechen kann. Also, zum Beispiel: Eine Freundin von mir hat sich in einen umsorgenden Schürzenträger verliebt, ist selbst aber eine feierfreudige Person. Anfangs war sie begeistert, dass er gern zu Hause blieb und die Wäsche aufhängte, während sie in Kneipen abhing. Dass er ihr am nächsten Morgen ein Katerfrühstück machte und die Schläfen massierte, kam auch gut an. Doch dann schnappt sie zu, die von Brigitte Hebel so genannte »Richtig-Falsch-Falle«. »Du trinkst zu wenig!«, regte sie sich später unter anderem auf. Schon etwas absurd, würde ich meinen. »Oft wollen Frauen die Eigenschaften des Mannes verändern, in die sie sich ursprünglich verliebt haben«, erklärt Brigitte Hebel das Phänomen. Denn irgendwann sagte die Freundin sich: »Wenn das, was er macht, richtig ist, dann bin ich ja falsch.« Dann doch lieber andersherum: »Du bist falsch.« Das mag für die Frau einfacher erscheinen. Aber jemanden nach seinem Abbild zu formen, das sollte doch Gott vorbehalten bleiben ...

3. Stumm ist dumm

Frauen schließen häufig einen geheimen Deal mit ihrem Partner. Und der geht ungefähr so: Ich meckere nicht, dass du so spät nach Hause kommst, ich kümmere mich um die Kinder, damit du genug Zeit für deine Freunde hast, und ich höre mir jeden Abend an, was bei dir im Büro los war. Ich opfere mich für dich auf. Dafür erwarte ich aber, dass du am Wochenende schick mit mir essen gehst. Klingt zunächst einmal nach einem fairen Handel und nicht zu viel verlangt. Aber leider ist dieser Deal so geheim, dass selbst der Mann ihn nicht kennt. Die Frau sagt nämlich nichts. Sie erledigt ihren Teil stumm – und von der Restaurant-Revanche geht sie einfach aus. Da der Partner aber kein Wünsche-Spürhund ist, wird er nicht verstehen, warum sein »Nö« zum Essengehen die Frau zetern lässt. »Typisch weibliches Verhalten«, meint Hebel. »Die Frau opfert sich gern für den anderen auf und denkt: Das muss ihm doch auch so gehen. Alles soll unausgesprochen ablaufen. Man erwartet die Liebe, die einem zusteht.«

Also, der Tipp: Wenn auch Sie alles für Ihren Mann tun, dann müssen Sie es ihn erstens wissen lassen und zweitens deutlich machen, dass Sie kein Samariter sind, sondern für Sie auch etwas dabei herausspringen muss.

4. Ein Wille geschehe

Wo wir gerade bei Worten sind, seltsamerweise weigern sich Frauen auch in anderen Situationen penetrant, ihrem Mann mitzuteilen, was sie sich wünschen. Der Klassiker: »Ich will nicht, dass du etwas Romantisches tust, weil ich es gesagt habe. Ich will, dass du von dir aus romantisch bist.« Jemand, der beim Anblick eines Blumenstraußes aber nur an seine Mutter, Allergien oder einfach an gar nichts denkt, wird Ihnen von sich aus keine Rosen mitbringen. Sagen Sie also einfach, er soll es tun: »Bitte bring Blumen mit – mir zuliebe.« Sie können solch einen Mann nicht verändern, Sie müssen ihn erziehen.

5. Schlechter Start

Ein Fehler, den viele Frauen bereits beim Kennenlernen machen, ist, sich anzupassen. Bedingungslos. Sie merken zum Beispiel, dass der Mann für ihr Gefühl zu viel trinkt. Sagen sich aber: »Ach egal, dann trinke ich halt mit.« Er raucht. »Na gut, den Aschenbecher-Mundgeruch kann ich ignorieren.« Mag er Fußball, gehen sie mit zu den Spielen, obwohl ihre innere Stimme sagt: »Hör mal, du langweilst dich bei dem öden Ballgetrete doch nur.« Bei der Partnerwahl sollte man auf keinen Fall nachsichtig, sondern vorausschauend sein. Niemand kann sich sein ganzes Leben lang verstellen. Und ein Mann wird keiner Frau zuliebe plötzlich das Interesse an Fußball, Trinken oder Rauchen verlieren.

6. Positives Denken

O.k., Ihr Partner hat keinen Humor. Dann freuen Sie sich doch, dass immer Sie der lustigere Part in Ihrer Beziehung sein werden. Außerdem müssen Sie sich nicht darüber ärgern, dass der Mann ständig peinliche Witze reißt. Oder: Er liegt lieber auf der Couch, als mit Ihnen in der Bar zu stehen. Wunderbar, so haben Sie mehr Zeit, mit Ihren Freundinnen auszugehen. Und hat er ein paar Pfund zugelegt, wirken Sie neben ihm schlanker. Alles hat seine guten Seiten. Zugegeben, bei einer unaufgeräumten Wohnung sind diese gut versteckt. Aber immerhin können so auch Sie mal die unabgewaschenen Teller in der Spüle antrocknen lassen. Es hilft aber ebenfalls, wenn Sie, anstatt zu denken »immer muss ich hinter ihm aufräumen«, für sich beschließen, »ich räume auf, weil ich es gemütlich haben will«. Letztendlich muss man sich immer fragen: Würde ich mich ernsthaft von meiner großen Liebe trennen, weil sie sich beim Pinkeln nicht hinsetzt oder ein paar Rettungsringe trägt? Meist dürfte die Antwort Nein lauten.

Das klingt schon wieder alles nach viel Liebesmühe, doch zum Glück ist die meist nicht vergebens. Denn aus der Paartherapeuten-Praxis kommt eine beruhigende Ansage: »Es gibt wenig unüberbrückbare Unterschiede«, verspricht

Brigitte Hebel. Dank Kompromissbereitschaft und Selbsterkenntnis kann man sich mit fast allen Ungleichheiten arrangieren.

Hoffnungslose Fälle existieren allerdings trotzdem. Woran man sie erkennt? Zum Beispiel daran, dass Sie Ihren Mann bitten, Ihnen zuliebe ab und zu Blumen mitzubringen (siehe Punkt 5) – und er weigert sich einfach. Oder Sie erklären ihm, sein South-Park-T-Shirt sei eine optische Beleidigung und er solle es doch bitte nur noch tragen, wenn es Ihre Augen nicht mitbekommen. Trotzdem zieht er es an, wenn Sie mit ihm ausgehen wollen. Nein, Sie sind keine Diva, wenn Sie ein bisschen Rücksicht auf Ihre romantischen und ästhetischen Gefühle einfordern. Bringt er Ihnen keinen Respekt entgegen, dann ist das ein eindeutiger Hinweis darauf, was Sie ihm wert sind: Nämlich nichts.

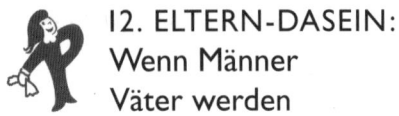

12. ELTERN-DASEIN:
Wenn Männer
Väter werden

Mit einem Baby ist nichts mehr, wie es einmal war – schon gar nicht der Mann. Die Veränderungen beginnen, wenn das Kind noch im Bauch steckt. »Kaum ist man schwanger, zeigt sich, wie der Mann wirklich ist.« Meine Bekannte Barbara war im dritten Monat. Ihr Freund, der werdende Vater, ein erfolgreicher Firmenberater und eher von der souverän-sachlichen Sorte, hatte sich zu diesem Zeitpunkt als sehr mitfühlender Typ erwiesen. Ihm war morgens häufig schlecht, er konnte nicht gut schlafen und hatte bereits drei Kilo zugenommen. Kurzum: Sie war schwanger – er irgendwie auch. Die Wissenschaft nennt dieses Phänomen Couvade-Syndrom, vom französischen Wort *couver*, ausbrüten.

Aber jeder Mann brütet vor und nach dem Kinderkriegen etwas anderes aus. Manche wirken während der Schwangerschaft erstaunlich distanziert, fast so, als hätte sich die Sache für sie mit der Spermaspende erledigt. Andere werden zu überinformierten Geburtshelfern, was auch nervig sein kann. Ist das Kind dann da, vervielfacht sich bei einigen ihr bereits vorhandenes Fürsorgepotential. Andere verschanzen sich in ihrem Büro oder gehen plötzlich in Kneipen, in denen sich Menschen befinden, die so alt sind wie der Mann und sein Kind zusammen – durch zwei geteilt. Jungs werden erwachsen, harte Kerle weich.

Mit all diesen Mutationen des Mannes muss die Frau erst einmal zurechtkommen. Am besten geht das, wenn man sich auf Veränderungen einstellt. Drei anstrengende Stationen der Vaterwerdung gibt es: Hilfe, er ist schwanger. Der Mann im Kreißsaal. Plötzlich Papa. Versuchen Sie ihn vor Überreaktionen oder Schwächeanfällen in dieser Zeit zu bewahren – und sich vor dem Entlieben.

Station 1: Hilfe, er ist schwanger

Am Anfang ist die Nachricht. Und egal, wie Sie sie überbringen, die Wahrscheinlichkeit ist groß, dass er anders reagiert, als Sie es sich erhoffen. Grundsätzlich gilt: Erwarten Sie nicht zu viel. Ein Fehler, den meine Freundin Tina machte. Am Abend war ihr Mann von der Arbeit, aber kaum durch die Tür gekommen, da wedelte Tina bereits mit ein paar gestrickten Babysocken vor seinem Gesicht herum: »Na, guck mal. Wir sind schwanger!« Ein »Toll« als Antwort hätte wahrscheinlich ausgereicht. Doch er sagte: »Ich freu mich für dich.« Aus ihrem Gesicht wich das Strahlen. Aber es ging noch weiter: »Den Marathon laufe ich noch«, war sein zweiter Kommentar, gefolgt von: »Dann müssen wir jetzt anfangen zu sparen.« Ein konsequenter Fettnäpfchen-Dreisprung.

Mehrere hunderttausend Male im Jahr überbringen Frauen in Deutschland ihrem Mann die Nachricht, er werde Vater. Häufig haben die frohen Botschafterinnen vorher den ganzen Tag zu Hause gewartet, weil sie nicht im Büro anrufen wollten. Die große Neuigkeit übers Telefon, das ist ja wie Schluss machen per SMS. Frauen haben also viel Zeit, sich zu überlegen, was sie tun können, um nicht einfach nur den Satz sagen zu müssen: »Schatz, wir sind schwanger.« Stattdessen kaufen sie kleine Baby-Accessoires, platzieren ein Glas Schnaps auf dem Tisch, daneben ein Ultraschallbild, oder legen den positiven Schwangerschaftstest in eine Schatulle und binden eine Schleife darum. Eine Bekannte von mir zog ihrem ersten Sohn ein T-Shirt an, auf das sie »Großer Bruder« geschrieben hatte und stellte den Jungen als Begrüßung für den Vater an die Tür.

Natürlich erwarten die Frauen eine entsprechend originelle Reaktion. Doch dazu sollte man wissen: Männer sind keine Multitasker. Transferleistungen zu erbringen, sich zu freuen und einen schlauen Satz zu sagen, das ist doch ein bisschen viel verlangt. Daher sollte man nachsichtig sein. Schließlich ist ein Baby zu bekommen für den Mann abstrakter als für die Frau, die seit Tagen mit einer Vorahnung im Kopf und einem Ziehen im Unterleib herumläuft und sich fragt, ob Letzteres wohl von den anstehenden Tagen oder einem »Zellhaufen« im Bauch kommt.

Und: Es gibt einfach keine schlaue Erwiderung auf die Ernennung zum werdenden Vater. Bei einem Heiratsantrag sind die Antwortmöglichkeiten zumindest klar und relativ begrenzt: »Ja.« »Nein.« »Ich glaube schon.« Doch was soll ein werdender Vater auch sagen? Peter Ustinov zitieren? »Ein Kind ist eine Art Lebensversicherung – die einzige Art der Unsterblichkeit, derer wir sicher sein können.« Viel verlangt.

Seien Sie also darauf vorbereitet, dass er vielleicht nur ein »Super« über die Lippen bringt, im schlimmsten Falle ein »Oh, nein«. Vaterschaftsverkündungen sind einfach nicht der Stoff, aus dem Anekdoten gemacht sind, die man später seinen Enkeln erzählt. Dafür sind Heiratsanträge (auf Knien, unter Palmen, im Heißluftballon) da, Geburten und Hochzeitsfeiern.

Als Orientierungshilfe: Generell kann man frisch ernannte Väter in drei Gruppen einteilen. Erstens: Die glücklich

Verwirrten. Entweder sie reagieren einfach mit »Ich freu mich« – oder eben zunächst einmal mit »Ich freu mich für dich.« Der spontane, nicht unbedingt eloquente Reflex meines Freundes Jan war das Wort »Auweia.« Seine körperlichen Reaktionen beschreibt er mit Gänsehaut, starker Nervosität und einem Gefühl, »als müsse er über etwas hinweg springen.« Während er dies erzählt, sitzt er mit seiner Tochter im Wohnzimmer und hört glücklich und zufrieden Ernie und Bert auf Kassette. Manchen Männern muss man nur ein bisschen Zeit geben. Sie erholen sich schnell wieder vom ersten Schreck. Ist der Mann ein eher unbelastbarer Typ, sollte man den Schwangerschaftstest vielleicht besser gemeinsam machen und Hand in Hand das Ergebnis abwarten.

Die zweite Kategorie sind die verängstigten Ungläubigen: Manchmal kommen Schwangerschaften für beide Seiten überraschend. Eine Kollegin, sie kurz vor dem Staatsexamen, er arbeitete in Sarajewo, hatte nur so ein Gefühl und besorgte sich vorsichtshalber einen Test, der prompt positiv ausfiel. Also rief sie ihn mit der Nachricht an: »Ich glaube, ich bin schwanger.« »Wie, du glaubst, du bist schwanger? Weißt du's?«, fragte er. Sie: »Ich glaube, ich weiß es.« Er: »Aber Tests können sich irren!« Eine Unverschämtheit, fand sie und legte auf. Eine halbe Stunde später rief er noch einmal an. »Ich freu mich übrigens sehr. Vielleicht ist das gerade nicht so richtig rübergekommen.«

Bei Überraschungsangriffen wie diesem sollte man versuchen zu verstehen: Die Panik überwiegt zunächst die Freude. Die Kosten, die Verantwortung, das schöne alte Leben, das sich nun ändern wird. Die Nachricht ist ein kleiner Schock. Und was macht man mit jemandem, der einen Schock hat? Man schaut ihn zunächst einmal nicht enttäuscht an. Und man lässt ihn auch nicht stumm sitzen, sondern versucht, ihn mit etwas Positivem von seinen Sorgen abzulenken. Mögliche Themen wären zum Beispiel Studien, die belegen, dass ein Kind glücklich macht und Eltern länger leben. Das Kindergeld ist 2010 wieder erhöht worden. Und wie wäre es denn, wenn er Elternzeit nimmt?

Die dritte Vaterschaftsgruppe ist am schwersten einzuschätzen. Es sind die Verweigerer: »Das kann doch gar nicht sein!« »Bist du sicher, dass ich der Vater bin?« »Wie soll denn das passiert sein?« Fragen über Fragen, auf die niemand ernsthaft Antworten geben kann. Diese Männer kennt man aus unzähligen Filmen – und seltener aus dem wahren Leben. Hoffentlich. Denn im Gegensatz zur Filmwelt verwandeln sich Affären und One-Night-Stands fast nie plötzlich in engagierte, liebevolle Väter. Aber die Hoffnung sollte man auch hier nicht gleich aufgeben.

Ist die Nachricht erst einmal überbracht, der Mann nicht über die Schamgrenze ins Land der unbekümmerten Junggesellen geflohen, stehen Ihnen neun interessante gemeinsame Schwangerschaftsmonate bevor. Die Frau hat es währenddessen sicherlich manchmal schwer. Aber auch wenn ihm nicht die Füße anschwellen, er nicht auf jedem Treppenabsatz haltmachen und sich mit einem immensen Bauch aus dem Sessel hieven muss, ist es für ihn auch nicht einfach. Damit meine ich nicht saure Gurken mit Vanilleeis oder Hormonschwankungen, an die der Partner sich gewöhnen muss.

Es geht um etwas anderes. Vielleicht erklärt folgendes Beispiel die Lage der leidenden Väter to be. Denn auch wenn dies ein Männerverbesserungsbuch ist, braucht es hier vor allem eins: Verständnis von Seiten der Frau. Nach der ersten Ultraschalluntersuchung gab man meinem Freund eine Broschüre mit dem Titel »Ich bin dabei! Vater werden«. Sie sollte dem Mann helfen, mit seinem Part beim Kinderkriegen zurechtzukommen, der in etwa so wichtig ist wie die Milz für das Erlangen eines Orgasmus. In dem Heftchen geht es zum Beispiel um die »weibliche Welt« beim Frauenarzt, in der er sich nicht zurechtfindet. Darum, dass er die Unlust der Partnerin nicht persönlich nehmen soll, und den wehmütigen Stich, dass nun »womöglich manche nette Single-Frau innerlich einen Schritt zurücktritt, weil man nun endgültig vergeben ist.«

Aspekte, die während einer Schwangerschaft niemanden ernsthaft interessieren. Außer ihn. Und genau das ist das Problem der pränatalen Papas. Sie kämpfen auf einsamer Flur. Sie werden nur noch mit einem »Hallo, wie geht's deiner Frau?« begrüßt. Keiner fragt mehr nach ihrem Wohlbefinden. Sperma verteilt, raus aus dem Spiel. Mutter und Kind wohlauf. Vater am Boden zerstört. Mein Freund fand die Problematik in der Broschüre zum Glück stark übertrieben. Trotzdem: Die Frauen machen die Erfahrung ihres Lebens, und er muss draußen bleiben. Gemein.

Wirkt der Mann also während der Schwangerschaft desinteressiert, liegt es womöglich daran, dass er sich ausgegrenzt fühlt. Stört Sie seine abwesende Anwesenheit, sollten Sie ihn mehr einbeziehen. Das geht am einfachsten, indem man ihm Aufträge erteilt. Bitten Sie ihn, eine Wickelkommode zu schreinern und Ihnen während der Schwangerschaft die Schuhe zuzubinden. Auch sehr empfehlenswert: Übertragen Sie ihm das Zusammensuchen von Dokumenten für den Elterngeldantrag. Eine Odyssee, die die Schwangerschaft wie einen Spaziergang erscheinen lässt. Wer besonders geschickt ist, verleiht seinen Wünschen einen Hauch von Hilflosigkeit, schließlich sind Sie ja schwanger.

Ist das Kind erst einmal auf der Welt, wird es mit dem Gefühl des Mannes, nicht so richtig wichtig zu sein, übrigens meist noch schlimmer. Dann nämlich, wenn die Frau stillt – und der Mann dem Kind nichts vergleichbar Attraktives anbieten kann. Pädagoge Lothar Beyer spricht von VIPs (Very Important Persons) und MIPs (Most Important Persons). Der Vater ist zwar VIP, aber nicht MIP wie die Mutter. Manche Frauen, die ich dazu befragte, sprachen sogar von Konkurrenz- und Eifersuchtsgefühlen, die ihr Mann dem stillenden Duo entgegenbrachte. Wie Sie ihn zu einem AMIP (Almost Most Important Person) machen können, dazu später mehr.

Manchmal ist der Grund dafür, dass ein Mann in der Schwangerschaft unbeteiligt wirkt, aber auch harmlos: Er ist sich seines Nachwuchses noch gar nicht richtig bewusst. Es tritt ihm ja auch nicht ständig jemand von innen gegen die Rippen oder auf die Blase. Ein Tipp von Hebammen: Massageöl kaufen und ihn bitten, abends damit Ihren Bauch einzureiben. Mit etwas Glück beult sich dieser für ein Lebenszeichen genau im richtigen Moment an der richtigen Stelle.

Station 2: Der Mann im Kreißsaal

Dabei sein ist nicht immer alles. Selbst wenn er tapfer ja sagt. Der gesellschaftliche Druck, im Kreißsaal seinen Mann stehen zu müssen, ist heute groß. Etwa neun von zehn Männern sind dabei, wenn die Frau presst, schreit, wimmert, weint und das Leben verflucht. Nur wenige trauen sich da noch, dem Ereignis fernzubleiben.

Dabei zeigen Studien, dass die Anwesenheit des werdenden Vaters nicht zwangsläufig positiv ist. Zwei gute Gründe, warum er nicht dabei sein sollte:

1. Sie können sich vor ihm nicht so richtig gehenlassen. Und die Geburt dauert dadurch noch länger.

2. Er macht eine schlechte Figur. Vom vielbeschriebenen Umkippen im Kreißsaal, das wohl so selten passiert wie ein Geistesblitz im Gehirn von Katie Price, mal ganz abgesehen. Das Problem ist eher eine gewisse stressbedingte Hilflosigkeit.

Auf der Zielgeraden wirken die meisten werdenden Väter unbeholfen. Weshalb in Geburtsvorbereitungskursen Sätze, wie »Es reicht schon, wenn Sie Ihrer Frau in den Wehenpausen etwas zu essen oder ein Glas Wasser bringen« oder »Wir werden uns bei der Geburt nicht auch noch um Sie kümmern können«, an die männlichen Teilnehmer gerichtet werden. Ist er auch noch gezwungenermaßen mit im Kreißsaal, wird er erst recht keine große Hilfe sein.

Als Beispiel dafür, wie wenig Männer bei der Geburt zu melden haben, erzählte mir eine Hebamme folgende Anekdote: Bei einer von ihr betreuten Schwangeren hatten bereits die Wehen eingesetzt. Am Telefon entschied man, dass beide Seiten sich langsam auf den Weg in die Klinik machen sollten. Schließlich musste der Babybauch von Berlin-Friedrichshain nach Berlin-Charlottenburg gebracht werden. Eine Strecke von gut zehn Kilometern. Nach einer halben Stunde war die Hebamme im Krankenhaus, von der Gebärenden keine Spur. Sie wartete eine weitere halbe Stunde und rief die Frau dann auf dem Handy an. Diese ging schnaufend ran: »Es dauert noch einen Moment, ich muss während der Wehen immer anhalten«, sagte sie. »Aber warum fährt dich denn dein Mann nicht?«, fragte die Hebamme. »Der fährt hinter mir.« Es stellte sich heraus, dass beide mit dem Fahrrad unterwegs waren. Vielleicht war sie wegen der Schmerzen nicht mehr ganz zurechnungsfähig. Aber: Was war seine Ausrede?

Also: Sind Sie sich nicht sicher, ob es wirklich sein größter Wunsch ist, mit zittrigen Fingern die noch warme Nabelschnur zu durchtrennen, oder ob er nur Anwesenheitspflicht verspürt, erteilen Sie ihm vorab Absolution. Und kommen Sie nicht auf die Idee, ihn in den Kreißsaal zu zwingen.

Ein weiterer Aspekt ist die erotische Komponente. Wollen Sie nach der Geburt noch Sex mit ihm? Dann gehen Sie sicher, dass er, sollte er dabei sein, auf keinen, auf gar keinen Fall von Ihrer Seite weicht. Also nicht mit dem Blick an ihrem Körper nach unten wandern kann. Denn auch wenn einige Geburtshelferinnen immer wieder beteuern, dass der Anblick einer sich dehnenden Vulva keine Auswirkungen auf die sexuelle Lust des Mannes haben soll, finde ich diese Behauptung gewagt.

Es wird ohnehin schwierig genug sein, in einer schlafentzogenen Welt voller Windeln, Brüste, aus denen Milch fließt, und Bäuerchen leidenschaftliche Gedanken zu stimulieren. Oder Gespräche über erotische Exkursionen – geschweige denn das angesagte Restaurant oder das aktuelle Kinoprogramm – zu führen. Sie werden von Ausführungen über die Menge und Konsistenz von Windelinhalten und Pickel am Babypo abgelöst. Männer wie auch Frauen machen zudem plötzlich Dinge, die – streng genommen – absolute Abturner sind. Fürsorgliche Väter fürchten bei jedem höheren Bordstein, der mit dem Kinderwagen bewältigt werden muss, memmenhaft um das Leben des Kindes. Ein Vater, mit dem ich sprach, empfand Penisstolz für seinen zehn Wochen alten Sohn: »Der kann soooolche Pipifontänen machen.« Befremdlich. Auch das gemeinsame

Hecheln zu lernen ist wenig attraktiv. Und: Am besten lassen Sie ihn bereits vor der Geburt seine Babysprache vorbrabbeln, damit Sie bei seinem ersten »Guzziguzzi Dudidudi« nicht völlig überrumpelt sind von seiner neuen sanften Art und dieser Stimme in Micky-Maus-Tonlage. Vor dem Entlieben schützen können Sie sich zusätzlich, indem Sie ihm kein gebatiktes Tragetuch vor den Bauch binden – schon gar nicht in der Öffentlichkeit. Nennen Sie ihn nicht Vati. Und ein Fahrrad-Kindersitz passt auch auf ein Mountainbike.

Station 3: Plötzlich Papa

Während der Schwangerschaft hat man vielleicht noch folgendes Bild im Kopf: Arm in Arm stehen die frischgebackenen Eltern am Kinderbettchen und schauen auf ein kleines Bündel Glück, das selig vor sich hin schlummert. Aber das Leben ist natürlich keine Hipp-Pampers-Alete-Werbung. Und am Ende schaut nur eine Person völlig übermüdet und mit Augenringen bis zum Kinn in ein rot geschrienes Babygesicht. Und die eine ist in den meisten Fällen die Mutter.

Zur Lage der Nation: Wenn zwei Menschen ein Kind bekommen haben, kümmert sich fast immer nur einer Vollzeit um den Nachwuchs. Fragt man das Statistische Bundesamt, so bleiben 72 Prozent der Frauen mit Kindern unter drei Jahren zu Hause und kümmern sich um den Nachwuchs, während der Mann wieder arbeitet. Ein Grund: Frauen verdienen im Schnitt 30 Prozent weniger als Männer. Und daher endet die Debatte zwischen Mutter und Vater meist mit ihren Worten: »Du kannst nicht zu Hause bleiben, du verdienst zu viel.«

Statt Wache am Gitterbettchen zu halten, ziehen viele Männer daher nachts auf die Couch, weil am nächsten Tag eine wichtige Konferenz ansteht. Manchmal müssen die Väter sich dort auch nur erholen, da sie regelmäßig mit Freunden und stets wiederkehrender Begeisterung das großartige Erlebnis feiern, Papa geworden zu sein. Die meisten Männer kommen nach der Geburt auch nicht plötzlich und von allein auf die Idee, Elternzeit zu beantragen. Geht man in der Hausfrauen- und Mutterrolle auf, ist das alles kein Problem. Doch meist nimmt man diese Arbeitsteilung nicht bewusst an. Meine Freundin Tina war entsetzt, wie schnell der Wandel sich vollzog. »Plötzlich habe ich seine Hemden von der Reinigung abgeholt. Das hätte ich mir vor einem Jahr nicht träumen lassen.«

Um sich selbst wenigstens eine kleine Auszeit zu gönnen, sollten Sie ihn zunächst einmal dazu überreden, Elternzeit zu nehmen. Und wenn es nur die obligatorischen zwei Monate sind. Mehr ist in den meisten Fällen von seiner Seite aus leider auch nicht drin. Denn fast alle Väter befürchten einen Karriereknick, wenn sie sich für Teil- oder Elternzeit entscheiden. Meint er: »Für Frauen ist es doch viel leichter, nach einer Elternpause wieder in den Job einzusteigen.« Dann sollten Sie ihm erklären, dass der Nachwuchs auch für Sie kein Karrieredoping ist. Ratgeber empfehlen berufstätigen Müttern zum Beispiel, niemals öffentlich im Job über ihre Kinder zu sprechen oder Fotos auf dem Schreibtisch zu positionieren. Etwas deutlicher drückte sich 2009 die Chefredakteurin des Hochglanzmagazins »Instyle« aus, dessen Team überwiegend aus jungen Frauen besteht. In einem Beitrag des Fernsehmagazins »Panorama« stellte Annette Weber klar, ihre Redaktion sei kein »betreutes Wohnen« und dass sie gar nicht einsehe, Teilzeit-Mütter wieder für sich arbeiten zu lassen. Gerade in der jetzigen Zeit könne sie keine Mitarbeiterinnen »mit-schleppen«.

Ein weiterer Stolperstein für die Frau auf dem Weg zu-rück in den Job: Wenn sie Teilzeit weniger verdient, als die Kinderbetreuung kostet, wird ihr Tatendrang gern als zu kostspielige Selbstverwirklichung abgetan. Lassen Sie Ih-rem Partner auf die Frage »Wie soll es mit mir und meiner Karriere weitergehen?« daher nicht den Satz »Das findet sich dann schon« durchgehen. Eine beliebte Ansage, die Männer vor der Geburt machen. Doch Planung ist das hal-be Elternleben. Und Sie sollten so schnell wie möglich alle Varianten für die Zeit nach der Babypause durchspielen: Vielleicht nehmen Sie sich ein Au-pair, das man mit einer Nachbarin teilt. Ist eine Tagesmutter vielleicht günstiger als die Kita? Oder Sie setzen die Großeltern als Babysitter ein. (Lesen Sie aber vorher noch mal das Kapitel »Ich hei-rate seine Familie«).

Doch es geht natürlich nicht nur darum, dass Sie später wieder Arbeitszeit, sondern sofort wieder mehr Zeit für sich und ohne Baby bekommen. Viele Frauen leiden vor allem im ersten Jahr unter schlimmer Langeweile oder kompletter Überforderung. Manchmal auch unter beidem. Sie sind neidisch, dass der Mann weiterhin ins Büro darf, seine Kollegen trifft, seinen Tagesablauf nicht nach den Stillzeiten planen muss und sich auch mal spaßig betrin-ken darf, während sie nur alle paar Tage an einem Rotwein nippen können. Sie warten sehnsüchtig darauf, dass der Partner Feierabend macht oder am Wochenende zu Hause ist – doch dann meint der erschöpfte Mann, er müsse sich nun erst einmal vom Bürostress erholen.

Damit das nicht passiert, sollte man die Babybetreuung so früh wie möglich unter sich regeln. Wenn Sie sich zum Beispiel die ganze Nacht mit dem kleinen Schreihals um die

Ohren schlagen, muss er eben mit ihm aufstehen, bevor er zur Arbeit geht. Es gibt keinen Grund, Büro-, Baby- und Hausarbeit nicht gleich zu bewerten. In einem Apotheker-Blättchen las ich, dass die Versorgung eines Säuglings im ersten Jahr einer wöchentlichen Arbeitszeit von 78 Stunden entspricht. Wenn er von 9 Uhr bis 18 Uhr arbeitet, dann können Sie also guten Gewissens die Stunden nach Büroschluss zwischen Ihnen und Ihrem Mann gerecht aufteilen. Das Gleiche gilt für die Wochenenden.

Warten Sie, verträumt Ihren Babybauch streichelnd, mit der Aufteilung der Babypflichten bis nach der Geburt, könnte es sein, dass Sie diese Unachtsamkeit später bitter bereuen. Denn ist das Kind erst mal auf der Welt, sind viele Männer leider schneller vom Erdboden verschwunden, als Sie »Beruhigungssauger« sagen können. Plötzlich machen die Herren Überstunden im Büro, nur um erst nach Hause zu kommen, wenn die Brut bereits im Bett liegt, oder gehen so viel und ausdauernd aus wie zu ihren besten Partyzeiten. Ein Paradebeispiel für einen Vater auf der Flucht ist mein Bekannter Lukas. Seit der Geburt seines – zugegebenermaßen schreifreudigen – Sohnes Arthur ist er eigentlich jeden Abend unterwegs. Als wir uns in einem Club um 23 Uhr verabredet hatten, schickte er bereits eine Stunde vorher eine SMS: »Können uns auch jetzt treffen. Bin schon da. Konnte Geschrei nicht mehr ertragen.«

Der allerbeste Weg, um ihm die Holt-mich-hier-raus-Attitüde abzugewöhnen, ist, ihn zu begeistern. Er beteiligt sich Ihrer Meinung nach nicht genug am Babyalltag? Dann versuchen Sie das Folgende:

1. Lassen Sie ihn »bonden«. Für alle, die nicht vertraut sind mit dem Begriff »Bonding«: Dabei legt sich ein Elternteil das Neugeborene auf die nackte Brust, damit es Hautkontakt mit seiner Bezugsperson aufnimmt und ihren Geruch

förmlich aufsaugt. Meinen Freund habe ich in der Klinik fast nur mit freiem Oberkörper gesehen. Die Vater-Kind-Kur hat auf keinen Fall geschadet. Die beiden führen heute eine sehr harmonische Beziehung.

2. Lassen Sie ihn den Kinderwagen aussuchen. Ich hätte es selber nicht geglaubt. Aber es ist Männern tatsächlich wichtig, mit welchem Modell sie ihren Nachwuchs durch die Gegend – und vielleicht vorbei an Freunden und Bekannten – schieben. Alles, was mein Freund von einem Kollegen zu berichten wusste, nachdem dieser am ersten Tag als junger Vater wieder im Büro gewesen war: »Sie haben einen Urban Jungle.« Ein geländegängiges Modell, der Porsche Cayenne unter den Kinderwagen sozusagen. Das passende Gefährt, wenn man am Berliner Schlachtensee wohnt. Wir hingegen haben einen Brio, der Volvo unter den Kinderwagen und somit so skandinavisch, sicher und patent wie das Auto, welches mein Freund fährt. Merke: Soll er schieben, muss er den Wagen lieben.

3. Lassen Sie ihn mit Baby-Gadgets spielen: Ich kenne einen Vater, der bei jedem Brüllanfall erst einmal seinen »Why Cry« vors Kind hält. Der »Why Cry« ist eine kleine Box mit Mikrophon. Das Baby schreit hinein, der Kasten überlegt ein paar Sekunden, was das zu bedeuten haben könnte, und spuckt ein Ergebnis aus: Es hat Hunger, ist gelangweilt, muss schlafen. Als ich einen anderen Mann mit seiner vier Monate alten Tochter im Café traf und die ersten leisen Laute aus dem Kinderwagen kamen, fing dieser plötzlich an zu ruckeln. Nicht der Vater, der Wagen. So als wäre er eines dieser Massagebetten, wie man sie aus amerikanischen Motels kennt, und jemand hätte gerade eine Münze eingeworfen. In Bewegung hatte ihn aber ein sogenannter »Lolaloo« gesetzt, den der Vater eingeschaltet hatte. Ein Stab, der einem das Rütteln am Kinderwagen ab-

nimmt. Wir besitzen einen Windeleimer mit ausgeklügeltem Verpack-System. Jede einzelne Windel wird zu einem luftdicht abgeschlossenen Stink-Kokon verschnürt. Und raten Sie mal, wer das Ding im Internet bestellt hat.

4. Lassen Sie ihn machen – ohne mit der Wimper zu zucken. Ja, Frauen tragen das Kind neun Monate lang in ihrem Bauch, danach sind sie die Futterstation und verbringen in der Regel die meiste Zeit mit dem Nachwuchs. Doch warum denken eigentlich so viele Mütter, nur sie wüssten, was das Beste für ihr Kind ist? Die Wissenschaft hat zum Beispiel herausgefunden, dass Mütter und Väter im Prinzip gleich gut erkennen, woran es liegt, dass ihr Nachwuchs schreit. Beginnt das Kind zu quengeln, steigen bei beiden Elternteilen gleichermaßen Herzschlag, Blutdruck und Hauttemperatur. »Von einer naturgegebenen größeren Nähe eines der Geschlechter zum Kind kann keine Rede sein«, steht in »Ich bin dabei! Vater werden«.

Trotzdem versuchen viele Frauen, ihre Männer vom Gegenteil zu überzeugen. Ich habe Ahnung, du nicht. So erlebt zum Beispiel bei einem Geburtsvorbereitungskurs: Es war ein Kurs für Paare. Mir gegenüber saß eine Frau, ein Muttertier in patenter Cargohose und sehr engem apfelgrünem Shirt, eine Hand immer über dem Bauch kreisend. Als könnte sie ihr Kind jetzt schon in den Schlaf streicheln. Er hingegen war ein schmales Hemd, das die Frage an die Hebamme wagte: »Kann man nicht einfach eine Heizdecke auf den Wickeltisch legen, damit das Kind nicht friert?« Woraufhin die grüne Kugel ihn sofort mit ihrer Madame-Medusa-Stimme anfuhr: »Bist du verrückt, wenn der Kleine dann daraufpinkelt, kriegt er doch einen Schlag.« Das war die letzte Frage, die der Mann an diesem Tag stellte. Danach beschäftigte er sich nur noch mit seinem Handy und den Keksen auf dem Tisch.

Selbst wenn Sie meinen, mehr zu wissen, lassen Sie Ihre Überlegenheit beim Bodyknöpfen, Wiegen und Windelnwechseln nicht raushängen. Schauen Sie ihm nicht streng über die Schulter, während er den Babyarm durch einen engen Ärmel kämpft – auch wenn Sie dabei um einen der Babyfinger fürchten. Aus Eigeninteresse. Der Mann als Befehlsempfänger wird sonst schnell – und zu Recht – die Lust verlieren, sich einzubringen. Ganz schlimm: Frauen, die sich indirekt über den Mann beschweren. »Na, da hat dein Vater wohl vergessen, dir die Mütze ordentlich zuzubinden, kleiner Moritz.« Vor seinem eigenen Sprössling schlechtgemacht zu werden, hat niemand verdient. Auch wenn das Kind vielleicht bislang nur Blablabla und Lalala versteht.

Geben Sie Ihrem Mann eine faire Chance. Lassen Sie Vater und Kind häufiger allein und allein machen. Auch wenn der Nachwuchs am Ende die Babyschühchen falsch herum anhat und die Farbkombination von Oberteil und Hose in den Augen schmerzt. »Ist mal statt eines üblichen Druckknopfs plötzlich eine Schleife am Body, dann verwirrt das meinen Mann so sehr, dass er unsere Kleine verschnürt, als würde sie gleich von der geschlossenen Anstalt abgeholt«, sagte meine Freundin Tina. Sie lässt ihn aber gewähren. Die kleine Mia ist inzwischen ein Jahr alt und hat es ohne größere Schäden überstanden.

Wenn Sie von Anfang an immer wieder betonen, dass Sie alles besser wissen und können, also alles im Griff haben – auch ohne ihn, vielen Dank –, dann müssen Sie sich später nicht wundern, wenn Schulprobleme, Pubertätshysterie und der Streit ums Taschengeld an Ihnen hängen bleiben. Wollen Sie nicht als quasi Alleinerziehende enden, dann binden Sie ihn ein.

Bleiben Sie aber immer wachsam. »Kinder würden es

nicht überleben, wenn sie allein beim Vater aufwachsen müssten«, vermutet meine Freundin Barbara. Ich weiß, das klingt übertrieben. Aber sie hat einen guten Grund, so etwas zu sagen. Ein paar Monate nach der Geburt ihres Sohnes ließ ihr Mann nach dem Wickeln eine Bemerkung fallen, ganz nebensächlich: »Du Schatz, da war so ein Bubbel am Bauch von Finn, den habe ich aber wieder reingedrückt.« Am nächsten Tag war der Bubbel wieder da und meine Freundin beim Arzt. Es war ein Leistenbruch, den ihr Mann versucht hatte zu reparieren. Passen Sie also auf. Aber trauen Sie ihm trotzdem etwas zu – oder vermitteln sie ihm wenigstens das Gefühl. Sonst bleibt am Ende alle Arbeit an Ihnen hängen.

Zum Schluss noch die Erziehungsfrage. Ob Wochenendväter und Gutenachtkussgeber den ganztagsbetreuenden Müttern dazwischenreden dürfen, will ich nicht entscheiden. Nur so viel: Haben Sie einen Mann, der Angst vor Tyrannen hat und stets die Disziplin lobt, dann schenken Sie ihm mal das Buch »Ein Löffelchen voll Zucker … und was bitter ist, wird süß!« von Sabine Bohlmann, zweifache Mutter und Verfechterin des Mary-Poppins-Prinzips.

Haben Sie hingegen einen Peter Pan an Ihrer Seite, der nach der Schwangerschaftsnachricht nichts wichtiger fand, als erst einmal seine Carrera-Bahn aufzupolieren, dann halten Sie ihm mal seine Geburtsurkunde unter die Nase und stellen Sie klar, dass Ihnen ein Kind in der Familie reicht. Denn ist der eine extrem, muss der andere es auch sein, um auszugleichen. Und extrem ist bei Kindern nie gut, Rollenspiele sowieso nicht. Am Ende ist dann nämlich einer der Strenge (zum Beispiel die Zeigefinger-Mutter oder der »Das-erzähle-ich-deinem-Vater«-Vater) und der andere der Nachgiebige (zum Beispiel die Mutter Teresa oder

der Feierabend-Vater). Das Good-Cop-Bad-Cop-Prinzip mag auf Polizeiwachen funktionieren, im Kinderzimmer nicht.

13. DER LETZTE SCHLIFF: Blumen und Geschenke, Liebesbeweise, Komplimente

Inzwischen wissen Sie, wie man die gröbsten Mängel des Partners entfernt. Er lässt nun hoffentlich seine Bartstoppeln nicht mehr im Bad liegen, hat verstanden, dass Wollmäuse keine niedlichen Haustiere sind und Nasenhaare keine Option. Sie können sich also nun an den Feinschliff Ihres Rohdiamanten machen. Dies ist zwar das letzte Kapitel, aber es führt uns zurück zu den Anfängen. Nicht zu den Anfängen des Buches, sondern Ihrer Beziehung. Erinnern Sie sich? Als Ihr Mann Sie auf Händen tragen und Ihnen die Sterne vom Himmel holen wollte?

Leider hält diese Phase der offensiven Zuneigung, in der manche Männer Zettelchen schreiben und andere Blumen ins Büro schicken, meist nicht länger an als bis zu dem Moment, in dem der Mann sich fühlt wie ein Goldbarren in Fort Knox. In Sicherheit. Denn läuft eine Beziehung erst mal, denkt er: So, ich liebe sie, sie liebt mich, läuft doch, Bier aufmachen und zurücklehnen. Plötzlich ist die Charmeoffensive abgeschlossen, er hat die Frau rumgekriegt und verfällt in einen Don-Juan-Schlaf.

Verstreute er früher Rosenblätter auf dem Bett, verteilt er dort nun seine dreckige Unterwäsche. Hatte er einst versprochen, immer für die Frau seiner Träume da zu sein, verlangen nun seine Kumpel wieder nach mehr Aufmerksamkeit. Und schwärmte er anfangs noch von den Augen, dem sinnlichen Mund oder sogar von den kräftigen, behaarten Beinen seiner Freundin, könnte diese sich heute den Nabel piercen, die Haare abrasieren und einen Oberlippenbart stehen lassen – er würde es nicht merken, geschweige denn anmerken.

Warum ist das so? Als achtsame Beobachterin Ihres Mannes wird Ihnen sicherlich aufgefallen sein: Er schmollt selten, weil Sie ihn nicht dafür loben, wie gut er in seinem neuen Anzug aussieht, Sie ihm wieder mal keine Blumen mitgebracht und nicht über Ihre Gefühle mit ihm gesprochen haben. Er fordert nicht ein, dass Sie sich mehr um ihn kümmern, ihm eifriger zuhören und in regelmäßigen Abständen »Ich liebe dich« zu ihm sagen.

Männer sind in dieser Hinsicht pflegeleicht. Und was ein pflegeleichter Mann selbst nicht einfordert, vergisst er auszuteilen – sobald seine Werbung beendet ist. Wollen Sie, dass er wieder so wird, wie er früher einmal war, also ein Mann, so liebevoll wie der Bärenmarke-Bär und so engagiert wie Meister Proper, müssen Sie ihn dazu erziehen. Ein schlichtes »Schatz, sei doch mal ein bisschen aufmerksamer« wird dabei so hilfreich sein wie Thilo Sarrazin als Redner auf einer Veranstaltung der Initiative Pro Integration. Um aus Ihrem Partner, den die Zeit in einen Hol-mir-mal-ne-Flasche-Bier-Typen verwandelt hat, wieder einen Ich-hole-dir-die-Sterne-vom-Himmel-Mann zu machen, brauchen Sie konkrete Ziele. Die er dann erreichen kann. Die drei Disziplinen, die jeder aufmerksame Partner beherrschen sollte, sind: Komplimente, Geschenke, Liebesbekundungen. So studieren Sie diese mit ihm ein.

Disziplin 1: Komplimente
Wenigstens gelegentlich wollen Sie mal etwas Nettes von Ihrem Partner hören. Das ist verständlich. Ihr Mann denkt aber nicht daran, Ihren Vorzügen ein paar warme Worte zu spenden und plump eingeforderte Komplimente (»Sag doch mal was dazu«) sind auch keine Lösung. Also, was tun?

Gehen Sie zunächst einmal mit gutem Beispiel voran. Sie wollen Komplimente. Dann machen Sie auch welche, und schaffen Sie so ein fruchtbares Umfeld für Nettigkeiten. Nirgendwo steht geschrieben, dass nur Männer etwas Charmantes zu ihren Partnerinnen sagen dürfen. Trotzdem meinen die meisten Frauen, nicht zu meckern sei bereits Lob genug. Auch wenn Sie vielleicht lange nach Eigen- und Errungenschaften suchen müssen, zu denen Ihnen etwas Positives einfällt – geben Sie nicht auf. Sie werden etwas finden. Und wenn es nur der Pullunder ist, welchen er in einer mit seinem Hemd korrespondierenden Farbe trägt.

Bei der Vergabe Ihrer Komplimente müssen Sie sich wirklich nicht besonders anstrengen. Männer springen auf sie erstaunlich gut an. Und wenn man dann auch noch die richtigen Sachen sagt ... Das weiß ich, seitdem mir ein Bekannter, der in New York lebt, kürzlich ein Video mailte. Es war ein Ausschnitt aus »The Tyra Banks Show«, in der er einen kleinen Auftritt hatte. Sie erinnern sich: Tyra Banks, dunkelhäutiges Supermodel. Wie Heidi Klum hat auch sie eine Zweitkarriere als penetrant gut gelaunte Moderatorin eingeschlagen.

Im Video will Tyra »Die Kraft der Komplimente« testen – und zwar an Männern. Das Vorhaben wurde aufwendig eingefädelt. Die Show-Crew schickte eine Schauspielerin als Lockvogel zu einer Single-Cocktailparty, um sich dort mit fünf Herren, einer davon mein Bekannter Chris, zu unterhalten. Jeder von ihnen wurde zwischendurch immer wieder nach seiner Meinung zu der Frau gefragt. Ein Flirt in drei Stufen. Stufe eins: Small Talk. Danach waren alle Testpersonen mäßig begeistert von der freundlichen Blondine. Ein Date mit ihr wäre eine Option, aber eher ein »maybe« als ein »certainly«, so die einträchtige Meinung. Stufe zwei: Warm up. Die Frau machte den Herren kleine 08/15-Komplimente, wie »Du hast schöne Augen« oder »Mir gefällt dein Stil«. Alle reagierten gleich, nämlich so verlegen, als hätte man sie gerade zur Wahl des »Sexiest man alive« vorgeschlagen. Stufe drei: Das Kompliment »You are hot« (»Du bist heiß«). Mit ihm, so Tyra, könne man jeden Mann rumkriegen. Und tatsächlich: Nachdem die magischen drei Worte gesagt waren, klangen vier der fünf Männer so, als würden sie direkt im Anschluss an die Cocktailparty zum nächsten Juwelier eilen, um für sich und die Lockvogel-Frau mit dem guten Geschmack Ringe zu bestellen.

Sie fragen sich jetzt wahrscheinlich, was der fünfte Mann – es war mein Bekannter Chris – an der charmant flirtenden Schauspielerin auszusetzen hatte. »Wer zu mir sagt, ich sei heiß, der muss entweder betrunken oder verrückt sein«, erklärte er später bei Tyra Banks in der Show. Was lernen wir daraus? Bei selbstzweifelnden Männern sollte man nicht übers Ziel hinausschießen. Gehen Sie offensiv vor, aber übertreiben Sie es nicht gleich. Denken Sie daran, er ist Komplimente nicht gewohnt.

Kommt nach zweiwöchiger Lobhudelei nichts von ihm zurück, lassen Sie Ihre warmen Worte erst einmal wieder abkühlen – und suchen Sie nach dem Grund für seine Verweigerung von Komplimenten. Der naheliegendste: Er ist ein Stoffel. Entweder können Sie damit leben – oder Sie ändern Ihren Beziehungsstatus ... Ein anderes Problem könnten Sie selbst sein. Viele Frauen gehen nicht richtig mit Komplimenten um, die man ihnen macht. Wer aber gelobt werden will, muss vernünftig reagieren. Seinen verbalen Beifall zum Beispiel immer nur bescheiden abzuwinken ist für ihn so aufmunternd wie ein Novembertag in Hamburg-Harburg – und wirkt zudem selten vornehm zurückhaltend, sondern eher unelegant affektiert.

Ein »Danke« reicht vollkommen aus. Fällt aber den meisten Frauen schwer. Glauben Sie nicht? Dann probieren Sie es aus. Fast immer, wenn ich einer Kollegin oder Freundin etwas Nettes über ihre Kleidung sage, kommt ein abwehrendes »Ach, das ist doch nur H&M« oder »Das ist ja schon uralt« zurück. Aber natürlich bin ich kein Mann, und vielleicht reagieren Frauen auf Komplimente von Männern noch einmal anders. Daher habe ich meinen Freund Peter gefragt, den ich, wie bereits erwähnt, wegen seiner Gabe, analysieren zu können, schätze. Seine Erfahrungen mit Frauen, also seiner Frau, der er versucht Komplimente zu machen, waren jedoch noch schlechter als meine: »Ich scheine dabei nicht besonders glaubwürdig zu wirken«, sagte er. Seine Freundin reagiere auf Lob in der Regel misstrauisch, wenn nicht sogar aggressiv. »Lobe ich zum Beispiel, was meine Freundin gekocht hat oder trägt, kommt meist nur ein ungläubiges ›Wie meinst du denn das?‹ oder ›Schmeckt dir nicht?‹ zurück.« Nun weiß man natürlich nicht, ob er sich vielleicht ausnehmend ungeschickt beim Schmeicheln anstellt, dreist schaut oder ungünstige Formulierungen, wie »Der Kartoffelbrei schmeckt besser als beim letzten Mal«, wenn es sich um Kartoffelsalat handelt, oder »In dem Kleid siehst du aber schlank aus« benutzt. So oder so: Gezeter ist immer die falsche Antwort, wenn er sich als Kavalier versucht.

Disziplin 2: Geschenke

Von kleinen verbalen Aufmerksamkeiten zu handfesten Liebesbeweisen. Fangen wir mit denen an, die außer der Reihe gemacht werden. Also nicht, weil das nächste Beziehungsjahr anbricht, Jesus oder Sie Geburtstag haben. Eins vorweg: Ist er nicht der Typ, der Geschenke zwischendurch macht, dann werden Sie ihn nicht in ein menschgewordenes Überraschungsei verwandeln, Sie müssen ihn erziehen – siehe dazu auch Kapitel 11, »Lohnt sich das Ganze überhaupt?«. Sie wollen gelegentlich Blumen mitgebracht bekommen, dann bitten Sie ihn darum. Ja, das ist nicht so romantisch, wie man es gern hätte, aber immerhin kommen Sie so an Ihre Sträuße. Von selbst wird jemand, der für Blumen nichts übrig hat, einfach nicht darauf kommen.

An Geschenke zu wichtigen Anlässen wird er hoffentlich selbst denken. Das Problem könnte aber immer noch sein sein Geschmack sein. Hat er sich bei der Wahl des Präsents offensichtlich Mühe gegeben, also keinen Kinogutschein oder einen Dreierpack Socken besorgt, Sie halten das Überreichte trotzdem für ein Ekelpaket. Dann bewahren Sie bitte ein Pokerface. Entglittene Gesichtszüge und Kritik machen es nur noch schlimmer. Dann gibt er sich beim nächsten Mal wahrscheinlich nicht einmal mehr Mühe.

»Geschmäcker sind sehr unterschiedlich. Ich wollte ihm aber nicht einfach sagen, dass er keinen hat«, ist also die richtige Haltung, die meine Freundin Nina einnahm, als sie schlechte Erfahrungen mit ihrem Freund machte. Der größte Geschenke-GAU ereignete sich gleich beim ersten gemeinsamen Weihnachtsfest, das sie bei seinen Eltern feierten. Die Bescherung begann hochromantisch: Er verband ihr die Augen, nahm sie an der Hand und führte sie durchs Haus. Meine Freundin sah bereits glitzernde Juwelen vor sich. Doch als sie im Wohnzimmer die Augen wieder öffnen durfte, erblickte sie erst einmal nichts. Was um Gottes Willen könnte hier wohl ihr Geschenk sein, überlegte sie panisch. Dann deutete er auf eine Lampe, die wie ein zu groß geratenes Sektglas mit einem viel zu kleinen Kelch aussah. »Der hässlichste Lichtspender der Welt«, urteilte meine Freundin – mir gegenüber.

Ihm gegenüber bewahrte sie Haltung. Jedes Mal wieder, wenn er ihr das nächste Geschenk überreichte. Denn das überdimensionale Leuchtglas sollte nur der Anfang einer langen Reihe von Möbelstücken sein, die so gar nicht nach ihrem Geschmack waren. Damit sie auf Dauer keine Gesichtslähmung davontragen würde, beendete sie irgendwann das Elend. Und zwar mit einer einfachen Strategie: Inspirieren, nicht kritisieren. Und einer klaren Ansage: »Ich bin zufrieden mit Parfum, Schmuck, Unterwäsche, einem schönen Kaschmir-Schal oder einem guten Buch.«

Gehen die Geschmacksrichtungen diametral auseinander, darf es keine Missverständnisse geben. Entweder formuliert man seine Wünsche gerade heraus: Zum Beispiel: »Ich hätte gern ein Abo der amerikanischen Vogue.« Je nach Aufmerksamkeitsgrad des Partners sollte man diese Bemerkung mehrfach und bis kurz vor dem Geburts-, Weihnachts- oder Jahrestag wiederholen. Bei einem sensibleren Partner kann man es ein wenig subtiler versuchen: »Hach, ich lese so gern die amerikanische Vogue, verpasse es aber ständig, sie zu kaufen.«

Gibt er sich von Anfang an keine Mühe, dann kann Sie vielleicht das Ende dieses Kapitels trösten … Dort geht es um den perfekten Partner.

Disziplin 3: Liebesbekundungen und Liebesbeweise

Meine Nachbarin bezeichnet ihren Mann als vorbildlich liebevoll und aufmerksam in vielerlei Hinsicht. Bei ihm nachgefragt, gab er offen zu: »Ich mache nichts ohne Eigennutz.« Schmiert er abends Fernsehschnittchen, tut er dies, damit sie ihn aus Dankbarkeit das Programm wählen lässt. Schreibt er ihr kleine Liebesbotschaften, weiß er, dass sie ihm abends, davon motiviert, wahrscheinlich etwas kochen wird. Und selbst der Kaffee, den er ihr Sonntagmorgen ans Bett bringt, soll zu etwas führen: zu Sex. Dieser Mann hat das Prinzip des Gebens und Nehmens in einer Beziehung verstanden.

Hat Ihr Mann diese einfache Gleichung noch nicht verinnerlicht, dann helfen Sie ihm dabei. Nicht mit Worten, sondern mit Taten. Bringt er Ihnen ein Geschenk oder Blumen mit (bezeichnet Sie als »tollste Frau auf Erden« oder Ähnliches), belohnen Sie ihn, und zwar möglichst prompt. Mit einem guten Essen oder noch besser mit Sex. Danach verbindet er von ihm ausgehende Nettigkeiten automatisch mit etwas Positiven. Und wird es wieder tun. Ein ganz einfaches Prinzip – aus dem Hundetraining. Es funktioniert auch bei Männern. Das mag nun erniedrigend für die Frau und respektlos gegenüber dem Mann klingen. Aber vielleicht hilft es Ihnen, über die moralischen Bedenken hinwegzukommen, wenn ich verrate, dass dieser Tipp nicht von mir, sondern von einer angesehenen, vielgelobten Therapeutin und Eheberaterin stammt. Die Amerikanerin Michele Weiner-Davis hat das Dogtraining für Männer bereits vor Jahren propagiert und sagt unter anderem: »Wenn er sexuell befriedigt ist und gut gegessen hat, ist er ziemlich glücklich.« Wie gesagt: Sex und Essen sind die besten »Leckerli«, die Sie Ihrem Mann hinhalten können. Und Sie brauchen ja niemandem zu sagen, dass Sie Ihren Mann wie ein schwanzwedelndes Haustier behandeln – schon gar nicht ihm.

Auf jeden Fall macht einen die Hunde-Erziehungsmaßnahme eher zum Empfänger von Liebesbeweisen als das von Frauen gern praktizierte penetrante Liebesgesäusel. Denn »das Bärchen« alle zehn Minuten im Büro anzurufen, um ihm nur schnell noch einmal zu sagen, »dass er so süß ist, dass Diabetiker Angst vor ihm haben müssen«, wird ihn sicherlich nicht dazu bewegen, gemeinsam mit seiner Partnerin auf rosa Sprachwölkchen zu wandeln. Stattdessen wird er wahrscheinlich genervt sein Ohr vor dem klebrigen Redefluss schützen wollen und den Hörer auf Abstand halten. Warum sollte er sich schließlich verausgaben, wenn Sie genug Gefühle für zwei formulieren.

Den meisten Männern fällt es ohnehin schwer, Sätze, wie »Ich liebe dich« oder wenigstens »Ich mag dich« oder immerhin »Ich bin gern mit dir zusammen«, zu artikulieren. Sie drücken ihre Gefühle lieber nonverbal aus. Statt Gedichten oder langer Reden fürs Herz reparieren sie die Lampe im Bad, schauen beim Wagen nach dem Ölstand, dübeln Regale an die Wand. Heldentaten, die mehr als Worte sagen sollen: Ich mache das nur für dich. Das mögen Sie nicht für romantisch halten, für ihn sind es Liebesbeweise mit Hand und Fuß und nicht aus Schall und Rauch. Achten Sie darauf und freuen Sie sich darüber, so gut es geht.

Das Gleiche wie fürs Süßholzraspeln gilt auch fürs Händchenhalten. Es ist nicht jedermanns Sache. Und wenn er Ihre Hand nicht nehmen will, weil er sich dabei wie in einer schlechten US-Teenie-Serie fühlt, dann tasten Sie nicht ständig nach seiner. Versuchen Sie es lieber mit einem guten Argument. Nimmt man zum Beispiel die Hand einer Frau, hat dies eine beruhigende Wirkung auf sie. Das haben amerikanische Wissenschaftler herausgefunden. In einer Studie ließen sie verheiratete Ehemänner die Hand ihrer Frau halten. Ein Computertomograph zeichnete dabei die Gehirnaktivität auf, und heraus kam: Handhalten führt schlagartig dazu, dass die Frau sich entspannt. Welcher Mann wird sich weigern, seine Frau ruhigzustellen?

Bleibt zum Schluss noch die Königsdisziplin der Liebeserklärungen: der Heiratsantrag. Vorausgesetzt natürlich, Sie gehören zu den Frauen, die seit sie denken können, davon geträumt haben, geehelicht zu werden, und seit sie sprechen können, das »Ja, ich will« vor dem Spiegel proben. Eigentlich bin ich immer dafür, mit Traditionen zu brechen. Die Frage »Willst du mich heiraten?« allerdings sollte meiner Meinung nach Männern vorbehalten bleiben. Nicht, weil Frauen sie nicht genauso gut stellen könnten. Sondern, weil der Mann danach dumm dasteht. Was soll er denn seinen Freunden erzählen? Meine Freundin hat mir einen Antrag gemacht. Ich war nicht schnell, mutig oder willens genug? Der Mann weiß, dass die Ringvergabe seine Aufgabe ist. Nur selten ist er wirklich einfach zu schüchtern. Stellt er Ihnen die entscheidende Frage nicht, dann hat das meist einen anderen Grund. Vielleicht hält er sich oder die Beziehung noch nicht für reif. Möglicherweise findet er Hochzeiten so abschreckend wie eine Ladies Night im CinemaxX: Die anstrengenden Verwandten, die nervigen Reden, die einengenden Krawatten – das alles könnte bereits der Vorgeschmack auf ein anstrengendes, nerviges, einengendes Leben danach sein. Alles Dinge, die man durch ein paar Fragen klären kann.

Und zwar nicht, indem man mit der Tür ins Standesamt fällt. Ein »Fändest du es schön, verheiratet zu sein?« ist unaufdringlicher als ein »Willst du heiraten?« Ist seine Antwort »Ja«, er hat also prinzipiell nichts gegen einen Ring am Finger. Und Sie können einfach nicht mehr warten, winken Sie ruhig mit dem Zaunpfahl: Seufzen Sie jedes Mal unüberhörbar, wenn Sie ein Hochzeitskleid sehen, loben Sie laut- und wortstark Verlobungsringe anderer Frauen. Schwärmen Sie von Hochzeitsfeiern, auf denen Sie waren – und auch von denen, auf denen Sie nicht waren. In letzter Konsequenz abonnieren Sie das Magazin »Braut« und lassen die Ausgaben überall in der Wohnung liegen.

Macht er Ihnen dann endlich den Antrag, seien Sie nicht enttäuscht, wenn er sich nicht wie in Hollywood oder schon tausendmal in Ihrem Kopf abspielt, sondern im Wohnzimmer während eines Werbeblocks. Romantik kann man wie Geschmack und die Leidenschaft für Blumenarrangements nicht einfordern. Ist er kein Romeo, behandelt Sie aber ansonsten gut, dann akzeptieren Sie die Nüchternheit Ihres Mannes als seine Schwachstelle. Dafür hat er vielleicht eine Karriere, eine nette Mutter oder hilft im Haushalt.

Das Beziehungsleben ist kein Wunschkonzert. Manche Frauen irren jahrelang von Mann zu Mann, auf der Suche nach dem einzig richtigen. Wenn er doch nur schöner, reicher, größer, klüger, interessanter, witziger, sensibler wäre, dann meinen sie, wäre ihr Problem endlich gelöst. Doch eine ideale Partnerschaft heißt nicht, dass der Partner ideal ist. Ein schlauer Satz dazu stammt von dem amerikanischen Paarberater Daniel Wile: »Partnerwahl heißt Problemwahl.« In gewissem Sinne sei eine Beziehung der Versuch, mit den negativen Seiten der Münze zurechtzukommen, deren positive Seite man liebt. Recht hat er. Denn den perfekten Mann findet niemand. Weil es ihn nicht gibt. Da können Sie die Anwärter auf diesen Titel noch so viel putzen und polieren.

Dank

Ich danke allen Freundinnen, Kolleginnen und Bekannten – deren Geschichten in diesem Buch stehen, die aber nicht namentlich genannt werden wollen, weil sie es schwierig für ihre ehemalige, jetzige oder kommende Beziehung finden. Deshalb tauchen sie unter Pseudonym auf.

Nicht anonym bleiben müssen und sollen meine Lektorin Julia Wagner, der ich für ihre Offenheit und Textarbeit danke, und meiner Agentin Michaela Röll sowie den Experten, die sich die Zeit genommen haben, mit mir über Männerverbesserungs-Strategien nachzudenken: Gesundheitscoach Michael Despeghel, Motivationstrainer Stefan Frädrich, Sportwissenschaftler Ingo Froböse, Paartherapeutin Brigitte Hebel, Psychologe Michael Mary, Sexualforscher Jakob Pastötter, Motivationscoach Thomas Schmidt und Milla Albers, der ich wichtige Informationen für das zwölfte Kapitel verdanke.

Nicht anonym bleiben kann Markus Albers, dem ich für seine mentale und textliche Unterstützung danke und dafür, dass er mich immer noch mag.